中国国际税收走向现代化的回顾与展望

——纪念1994年税制改革20周年

中国国际税收研究会　编

中国税务出版社

图书在版编目（CIP）数据

中国国际税收走向现代化的回顾与展望：纪念 1994 年税制改革 20 周年 / 中国国际税收研究会编．-- 北京：中国税务出版社，2015.5
ISBN 978-7-5678-0258-2

Ⅰ．①中…　Ⅱ．①中…　Ⅲ．①国际税收—税收制度—中国—文集　Ⅳ．①F812.42-53

中国版本图书馆 CIP 数据核字（2015）第 124540 号

书　　名：**中国国际税收走向现代化的回顾与展望**
——纪念 1994 年税制改革 20 周年
作　　者：中国国际税收研究会　编
特约编辑：郭平壮　马丽萍
责任编辑：刘淑民　杨　鹤
责任校对：于　玲
技术设计：刘冬珂
出版发行：中国税务出版社
北京市丰台区广安路 9 号国投财富广场 1 号楼 11 层
邮编：100055
http: //www.taxation.cn
E-mail: swcb@taxation.cn
发行中心电话：（010）83362083/86/89
传真：（010）83362046/47/48/49
经　　销：各地新华书店
印　　刷：北京天宇星印刷厂
规　　格：787 × 1092 毫米　1/16
印　　张：15.5
字　　数：171000 字
版　　次：2015 年 5 月第 1 版　2015 年 5 月第 1 次印刷
书　　号：ISBN 978-7-5678-0258-2
定　　价：50.00 元

前 言

1992年，党的十四大提出建立社会主义市场经济的改革目标，1994年，我国启动了新中国成立以来规模最大、范围最广、内容最深刻、力度最强的税制改革。到2014年，改革走过了整整20个年头。

20年来，我国税收事业与时俱进，不断改革创新，取得了举世瞩目的发展成就，不仅创建了公平效率的税收制度和适应社会主义市场经济要求的税收体系框架，而且税收收入快速增长，有力地保障了经济社会稳定协调发展。

党的十八届三中全会通过了《中共中央关于全面深化改革若干重大问题的决定》，对深化财税体制改革作了总体部署。现在，新一轮全方位的税制改革正在紧锣密鼓地推进。此次改革与1994年税制改革互为联系、相互衔接，特别需要我们以史为鉴，以推动新一轮税制改革顺利完成。

在这样的一个历史节点上，2014年9月，为纪念1994

年中国税制改革20周年，中国国际税收研究会召开了以“中国国际税收走向现代化的回顾与展望”为主题的座谈会，特别邀请一些当时年亲历税制改革和税收理论研究的老领导、老专家到会；出席座谈会的还有国家税务总局领导、中国国际税收研究会历任领导，中央和国务院有关部门、税务总局有关司局和省级税务局领导，大专院校和科研部门专家学者以及企业和新闻单位人员。

与会代表围绕两部分内容展开座谈。其一是税收的国际比较与税制优化，包括增值税制的现代化、所得税（含企业和个人）制的现代化、其他主要税种（如环境资源税制、房地产税制）的现代化、征管能力的现代化、地方税体系的构建与完善；其二是国际税收的实践与挑战，包括国际税收的演变与发展、国际税收竞争与合作、我国反避税和税基侵蚀与利润转移（BEPS）的应对、自贸区及改革试验园区建设、国际税收协定的作用与发展、支持我国企业“走出去”的税收政策与服务。

本书即是根据此次座谈会的发言内容整理而成，希冀引发税收理论界和实务工作层面更广泛的关注和进一步的研究讨论，这也是编辑出版本书的目的和意义。

编 者

2015年5月

目 录

把握历史机遇　全面推进国际税收工作走向现代化

（2014年9月23日，在“中国国际税收走向现代化的回顾与展望——纪念1994年税制改革20周年”座谈会上的讲话　根据记录整理）

张志勇，1955年4月生，国家税务总局副局长。

近20年的税制改革实际上是以1994年的改革为起点，不断渐进的过程。习近平总书记说，历史是最好的教科书，历史、现实、未来是相通的，历史是过去的现实，现实是未来的历史。1994年税制改革的很多方面在当时就折射了之后我们一系列的改革，为此后的改革打下了良好的基础。回顾历史，结合现实，我谈一些想法：

一、国际税收工作面临的历史机遇

1994年，党的十四大提出了建立社会主义市场经济体制的改革目标，随后的一系列改革，包括1994年的税制改革都是围绕着市场经济的要求进行的。1994年后我国发生了比较大的变化，例如，加入WTO和目前正在进行的一系列的双边谈判，特别是投资协定谈判，这些变化实际上都离不开市场经济的基本要求。

入世时我国研究国际规则，引进发达国家已经实践多年的市场经济规则并影响我国的对外贸易体制。多边贸易体制所体现的很重要的就是市场经济规则，如国民待遇、最惠国待遇、平等竞争、消除壁垒等。现在我国正在推进的新一轮改革仍然离不开这个主题。目前，WTO多边贸易机制到了一定阶段之后，进展难度很大，这一轮谈判仍停滞不前。而国际上双边领域的谈判则日趋活跃，特别像美国这样的国家，已经抛开多边机制而着重进行区域性的谈判，同时也开始了新的模式的投资协定谈判。WTO多边贸易体制主要影响的是货物的交往和生产过程，投资协定谈判则是市场准入问题，它涉及的面更宽，层次更深，将对整个经济体制产生影响。

2014年，我国和美国开展了准入前国民待遇加负面清单的实质性谈判。准入前国民待遇加负面清单是美国率先采用的模式，即投资者进入市场之前以及之后的整个过程均享受国民待遇。这对我国现有的体制影响很大。我国加入WTO主要解决的是货物进出的问题，尚有很多投资领域还没有完全开放。所谓负面清单，简单地说，就是对投资者、对企业而言“法无禁止即可为”，对政府而言“法无授权不可为”，准入前国民待遇加负面清单实际上意味着管理模式的改变。

党的十八大提出要提升国家治理能力，其中最重要的就是政府管理体制的改变。目前，上海自贸区已率先试行负面清单管理模式。从试行情况看，负面清单就是清单中规定了企业不能做的，企业如果要做必须得到政府的允许、批准，而清单以外的则不用得到批准。

新一轮政府管理模式改革对各个部门均提出了高要求，这是整个国家治理模式的改变，这一转变不仅要在国内实践，也要在国际领域的外商准入、外商权益保护等方面实施。新一轮的双边谈判，特别是投资协定谈判被称为是“第二次入世”，而且这次入世对我国的影响面可能要大于上一次。挑战与机遇并存，只要抓紧机遇并充分利用，可以保证我国今后相当一段时间的持续发展，有利于我国进一步完善治理体系、提升治理能力。我们要深刻认识并主动适应新一轮政府管理模式改革，这对做好国际税收工作既是挑战也是机遇。直面挑战、把握机遇才能有效提升我国国际税务部门的站位，才能更好地服务于税收现代化建设。

二、积极参与国际税收规则制定

1994年税制改革时，我国的经济体量小，我国的改革在国际上引起的冲击也小。目前中国经济体量巨大，现在的改革，包括“营改增”在国际上引起的关注度大大提升，比1994年税制改革影响力要大得多，下一步要进行的其他方面的改革，如个人所得税改革在国际上的影响也很大。人们比喻中国是世界花园里的一只大象，无处可藏，所有的事情中国都必须表态。而且表态的时候要注意策略，要充分考虑各方面，特别是发展中国家的诉求，要站在理性、世界规则的角度发表意见；同时，必须维护我国的利益。

近年来，为了更好地维护我国税收主权，我国积极参与国际规则制定。例如在转让定价领域，我国一直坚持地域优势的立场，提出成本节约、市场溢价等转让定价调整理论和方法。中国市场是一个特殊市场，由于市场的特殊因素，同样的商品，如化妆品在我国可以卖出高价；由于成本节约因素，同样的生产在中国能以很低的成本获得较高的收益。这些因素带来的利润必须留在中国，这是我们一直坚持的观点，并且将其写入了国际规则中。例如，《联合国发展中国家转让定价手册》中就吸收了我国提出的成本节约和市场溢价等创新性转让定价调整理念和操作方法，体现了发展中国家对跨国公司全球价值创造的贡献，为维护发展中国家税收权益提供了理论和操作依据。

同时，我们也在积极构建和完善双边税收协定网络。我国自1981年开始对外谈签双边税收协定，截至1994年共签署了40个税收协定。当时，协定的签署国多以发达国家为主，通过税收协定实施“引进来”战略，鼓励投资，促进双边贸易。当时我国处于发展中国家、被投资国或者来源国的地位。

1994年以后，情况逐渐发生了变化。根据中央提出的“走出去”战略，我国开始陆续与很多发展中国家谈签税收协定。截至目前，我国共签署了99个税收协定和2个税收安排。与发展中国家的协定中有相当一部分，特别是对亚非拉国家，我国也是站在了对外投资国、居民国的角度，在地位上发生了一些变化。

目前，我国双边领域的谈判进入新的阶段，一方面，要继续与发展中国家谈签税收协定；另一方面，要修订与发达国家的协定谈判。在新一轮的协定谈判中，需要注意两个问题。一是国际规则的新变化将对我国产生影响。例如，针对税基侵蚀和利润转移（BEPS）的15个行动计划如果付诸实施，将对我国今后的双边谈判提出新的要求。二是我国与英国、法国、加拿大等发达国家重新谈签税收协定时，我国所处的地位变得复杂起来。从表面上来看，发达国家在我国的累计投资高于我国在发达国家的累计投资，但是发展趋势已经发生了很大的变化。按照商务部的预测，我国很快将成为净对外投资国，即对外投资大于吸引投资。在这种情况下，对一些发达国家，我国与他们的协定地位关系正在发生变化，这种关系的变化是微妙的、渐进的。

三、国际税收问题呈多边化趋势

除了双边关系以外，我国目前在国际税收领域还面临许多多边事项，这与1994年的国际大环境大不一样。长期以来，国际税收的基础是国内税收的国际部分加上对外签约的双边协定，但是这种情况现在发生了变化。通过一些多边努力，国际税收的发展趋势类似于WTO，最终将朝着多边税收体制发展。当然，这个过程将是漫长的。

2013年，我国签署了《多边税收征管互助公约》，公约实际上是各国在税收管理上的一个共同规则，多方承诺并共同遵守。截至目前，公约影响的只是征管事项，各国还可以保留一些本国做不到的事情。但是，更多的多边努力最终将朝着影响税制的方向，即对实体法产生影响的方向发展。例如，目前研究的税基侵蚀和利润转移（BEPS）会对我国税制产生多大的影响？目前来看，今后很长一段时间内，它的影响将是渐进的，最初对我国实体法的影响并不显现，但是一旦我们做出承诺后，它将通过多边机制逐渐影响我国税制。

目前，在国际税收领域还没有建立起争端解决机制，当某个国家的税制违反了各国公认的原则时，如何通过争端解决机制来解决问题，这是国际税收领域正在探讨的问题之一。国际规则基本体现的是市场经济规则，是按市场经济规则提要求。我们必须看到，国际规则对我国税制的影响是渐进的，这种影响一开始可能主要体现在程序、方式方法或是调整范围上，但最终它将对我国税收实体法产生深远影响。

我国自1994年开始按照市场经济的规则建立税制和其他方面的体制，但这么多年我们所认知的市场经济和所实践的市场经济与欧美国家上百年形成的市场经济规则相比还有不小的差距。这种差距将带来今后几年我国在国际税收领域以及其他领域不得不面对的各种挑战。

同志们，面对前所未有的机遇与挑战，我们要提高认识，勇于担当，扎实工作，开拓进取，为推动我国国际税收现代化建设做出新的更大的贡献。

繁荣国际税收理论研究事业
助推国际税收工作走向现代化

王力，1953年9月生，国家税务总局原副局长。全国人大财经委委员、中国国际税收研究会会长。中国共产党第十七次全国代表大会代表。第九届、第十二届全国人大代表。

今天，我们共聚一堂，举行《中国国际税收走向现代化的回顾与展望》座谈会，纪念1994年税制改革20年，具有十分重要的意义。其一，1994年的税制改革是新中国成立以来规模最大、范围最广、内容最深刻的改革，值得我们很好地纪念，也需要我们从中很好地总结历史经验。其二，在1994年税制改革走过20年的历史节点上，我们又迎来新一轮税制改革的开启，两次改革互为联系、互为衔接，特别需要以史为鉴，反思得失，以推动新一轮税制改革顺利完成。因此，国家税务总局统一安排了四项纪念活动，这次座谈是其中的一项重要活动。我们着重围绕中国国际税收走向现代化的主题，进行回顾与展望。

今天与会的既有亲身经历1994年税制改革的老领导、老同志，也有对税制改革颇有研究的专家、学者，他们作为这场税制改革的参与者、亲历者和研究者，在今天的座谈中，从不同角度、不同侧面作了发言，讲得很好，既有历史回顾和经验总结，又有改革建议和殷切期盼。在此，我也谈谈自己的体会。

正如大家所言，1994年的税制改革无疑是新中国经济体制改革中具有划时代意义的大事件，这20年来，中国税收事业取得了举世瞩目的空前发展。

第一，税制改革20年是中国税收发展的“黄金期”。1994年的税制改革是在改革开放取得重大进展的形势下展开的，通过这次整体性、结构性的全面的税制改革，初步确立了社会主义市场经济条件下我国税制的基本格局。一是初步统一了税法，实行了内外统一的流转税制，统一了内资企业所得税，统一了个人所得税，构成了新税制的主体；二是初步实现了公平税负，减少了重复征税，促进了企业平等竞争；三是初步实现了税制简化和规范，税制要素设计更为合理、科学；四是推行了分税制的财税体制，设立两套税务机构，适当集中税权，较好地处理了中央和地方的分配关系。这次重大改革，提高了中央财政收入占全国财税收入的比重，加强了中央宏观调控能力。进入新世纪，随着社会主义市场经济的发展，党的十六届三中全会又一次提出了深化税制改革的任务，本着“简税制、宽税基、低税率、严征管”的原则，陆续推出一系列重大改革举措，比如，实施了内外统一的新企业所得税法，车辆购置费改税，取消了农业税，增值税扩围改革进行了试点，改革了出口退税机制等，使税制结构不断优化，征管得到加强。从而实现了税收收入连年持续快速增长，为国民经济跨越发展和实现全面建设小康社会的目标，提供了雄厚的财力保障。

第二，税制改革20年是国际税收发展的“加速期”。在经济全球化和我国进一步扩大对外开放的新形势下，我国国际税收工作与时俱进，创新发展，由改革开放初期单纯的涉外税收管理拓展为全方位的国际税收管理。2001年，我国加入WTO，国际税收工作逐渐与国际通行规则接轨，国际化水平愈来愈高。一是中外企业税收制度完全统一，中外企业享受相同的国民待遇；二是国际税收法律法规体系逐步完善，在新企业所得税法颁布后，先后出台了特别纳税调整、非居民税收管理、“走出去”企业税收管理等一系列政策规定和税收制度安排；三是初步建立起符合中国特色的国际税收管理模式，跨境税源管理力度不断加强，创新了反避税理念和操作方法；四是国际合作与协调能力增强，税收透明度提高，中国税收的国际影响力日益扩大。截至2013年，我国共签署1个多边税收征管互助公约、99个双边税收协定、2个税收安排和10个税收情报交换协定。我国税收国际化水平的提升，有效改善了国内的投资环境，促进了我国企业“走出去”参与国际市场竞争，更好地维护了国家税收主权和企业的合法权益。

第三，税制改革20年是国际税收理论研究事业的“繁荣期”。伴随着1994年税制改革，中国国际税收研究会应运而生。1995年6月，从前身中国税务学会国际税收委员会脱离，单独成立国家一级社团组织。中国国际税收研究会成立五届以来，始终坚持为税收工作大局服务，坚持国际税收研究特色，为繁荣国际税收理论研究事业辛勤耕耘。我们努力发挥国际税收"思想库"作用，大力实施理论研究"精品战略"，积极整合研究资源，取得了国际税收理论研究的丰硕成果。比如，结合中国加入WTO，开展了系统研究，并向国家税务总局提交了与荷兰国际财政文献局共同开展的"中国加入世界贸易组织与税收制度改革"研究成果；受中共中央政策研究室委托，完成了"中外地方税收体系比较及对我国税制改革的影响"专题研究；与中石油集团公司合作，连续完成了6个中外石油税制比较等专题研究；与北京市地方税务局合作，形成了"关于房地产税的国际比较研究报告"，受到全国人大领导和国家税务总局领导的重视和肯定；突出"品牌"意识，从2008年起，每年编研一本"世界税收发展研究报告"；同时编研"中国企业'走出去'税收研究报告"。研究会以发展国际税收研究事业为根本，坚持"创新、活力、和谐"发展目标，使研究队伍不断壮大，研究能力不断增强，社会影响力不断提高。

当前，全国上下正在贯彻落实党的十八大和十八届三中全会精神，为全面建成小康社会，实现中华民族伟大复兴的"中国梦"而共同奋斗。我们在这样的历史时刻，纪念1994年税制改革20周年，意义重大。回顾过去是为了展望未来，总结历史经验是为了把今后的路走得更稳更好。

首先，我们要落实中央决策和国家税务总局部署，齐心协力完成好新一轮税制改革的各项目标任务。

1994年税制改革走过20年后，我们又迎来新一轮税制改革。

党的十八届三中全会提出了全面深化改革的战略任务。三中全会《决定》指出，财政是国家治理的基础和重要支柱，科学的财税体制是优化资源配置、维护市场统一、促进社会公平、实现国家长治久安的制度保障。《决定》从推进国家治理体系和治理能力现代化高度，对税制改革作出了重大决策，凸显了税收在国家治理体系和治理能力现代化中的重要地位。新一轮税制改革是国家现代化治理的制度重构，改革已进入“深水区”，难度大、要求高、涉及面广，国家税务总局党组按照中央要求，作出了具体部署。要坚持依法治税理念，落实税收法定原则，运用法治思维和法制方式来推进改革；推动制定增值税法、房地产税法、环境税法等税收实体法；加快修改现行税制中唯一的一部程序法——《税收征管法》；积极参与国际税收规则的制定，健全我国的国际税收法律体系。要按照国家出台的财税体制改革总体方案，落实“营改增”等税制改革措施，加大对小微企业发展政策支持力度，清理规范税收优惠政策，研究完善地方税体系。要围绕打造税收征管模式升级版，大力推进信息管税，加强大企业税收管理，完善国际税收管理体系，不断强化税务稽查，构建科学严密的税收征管体系。我们要按照中央决策和国家税务总局部署，齐心协力，共同推进，确保完成改革各项任务。

其次，我们要按照到2020年基本实现税收现代化的总体要求，进一步推进国际税收现代化。

王军局长在2013年12月全国税务工作会议上，提出了到2020年基本实现税收现代化的工作目标。明确指出，要建立起完备规范的税法体系、成熟定型的税制体系、优质便捷的服务体系、科学严密的征管体系、稳固强大的信息体系、高效清廉的组织体系。国际税收作为国家税收的国际方面，税收现代化必然要求国际税收现代化。当前，全球经济一体化进程加快，中国经济与世界经济日益融合，国际化趋势不可阻挡。在全面提高我国开放型经济水平的新形势下，必须以全新的视角把握国际税收。应当看到，日益激烈的国际税源争夺，对维护国家税收权益提出了更高要求；新的对外开放战略，对税收促进开放型经济发展提出了更高要求；税收现代化的改革发展目标，对国际税收体制机制和能力建设提出了更高要求；国际税收规则的调整，对增强我国话语权提出了更高要求。为此，必然打造国际税收升级版，建立与国际形势发展和中国对外开放格局相适应，与中国国际地位相匹配，与税收现代化改革发展相配套的统一、规范、高效的国际税收法律法规体系和管理体系。要建立完善的国际税收法律体系，进一步加快相关税收制度立法，提高税法法律层次；同时完成相关条例和规章的制订和修改，尽快形成规范透明、符合国际惯例、便于遵从的国际税收法规制度。要积极关注国际税收规则的重塑，中国作为世界第二大经济体和最大的发展中国家，必须在国际税收规则的制订中发挥应有作用，增加话语权，发出中国声音。同时，结合国内有关税收法律的修订工作，进一步增加和完善国际税收内容。要提高国际税收管理能力，不断完善反避税、非居民管理和“走出去”税收管理，进一步加强跨境税源管理，适应“请进来”与“走出去”并举的对外开放新局面。要加强国际税收合作和协调，积极应对经济全球化对国际税收征管带来的新挑战，提升我国在国际税收领域的竞争力。

再次，我们要充分认识和自觉适应形势发展提出的新要求，奋力开创国际税收理论研究事业的新局面。

当前，世界经济面临新的发展格局，我国税收发展和改革中出现的新情况、新问题，必然给国际税收理论研究带来新挑战、形成新机遇。我们要认真学习贯彻党的十八大和十八届三中全会精神，以此统领国际税收理论研究各项工作；要坚持服从服务于党和国家工作大局，围绕税收工作中心开展研究，有效发挥研究会的参谋和智囊作用；要突出研究会的“国际”特色和优势，注重国际比较与借鉴的研究方法，为领导决策和税收工作提供重要参考和可靠依据；要不断增强自身研究能力，充分发挥学术委员和地方研究会的作用，提升研究“品牌”的专业性和影响力，产出更多的国际税收研究“精品”；要加强研究会自身建设，夯实工作基础，在实践中培养形成理论研究的领军人才，实现国际税收理论研究的可持续发展。改革和发展的新形势，迫切需要相应的理论支撑，也为各位研究工作者提供了大显身手的舞台。我们应当以研究为第一责任，继续充分发挥改革的“思想库”作用。要结合本会研究特点，紧密围绕税制改革任务要求，抓好理论研究工作，使研究更贴近税收实践，更具有针对性、实用性、前瞻性，做好研究储备，积极转化研究成果，全力服务好税收工作大局，为实现税收现代化做出应有贡献。

每一代人都有着历史赋予的使命。我们在座的各位，大都经历了1994年税制改革以来的历史风雨的洗礼，曾经为我国新的税收制度和征管体制的建立和发展做出过贡献，也曾经在推动和完善我国国际税收理论研究事业中付出了心血和努力。今天，在新的历史条件下，希望老领导和老前辈们以丰富的经验和智慧，搞好传帮带，老骥伏枥，再做贡献；希望中年的税收工作者和理论研究骨干，充分发挥聪明才智，承前启后，勇挑重担；希望年轻的税务干部和后起之秀，展现锐气，勇往直前，担负起历史重任，把税收改革发展和国际税收理论研究的事业传承下去，以实际行动纪念1994年税制改革20 周年，为搞好新一轮财税体制改革，实现税收现代化的目标而共同努力。

改革开放以来
我国税制改革历程

卢仁法，1938年6月生，国家税务总局原常务副局长、中国国际税收研究会原会长。

党的十一届三中全会以来的30多年时间里，我国经历了三轮税制改革。党的十八届三中全会通过的《中共中央关于全面深化改革若干重大问题的决定》，启动了新一轮税制改革。税收法律法规和税收政策每年都在发生很大变化。作为新一轮税制改革，需要具备三个方面的内容：一是税制改革的原则；二是税制改革的内容；三是税制改革的实施步骤。

自改革开放以来，我国税制改革的历程

就是逐步创立和发展符合本国国情和社会主义市场经济发展要求的现代税制体系的过程。

一、三轮税制改革带动了现代税制体系的三个发展阶段

（一）国营企业“利改税”及一系列工商税制的改革（1982年、1983年）——现代税制的创建期

1. 实行两步“利改税”

为了规范国家和国营企业的分配关系，1980年，我国先后在600户企业进行了征收所得税的试点工作。从1983年1月1日起，对国营企业全面征收所得税，实行“利改税”第一步改革。改革的主要内容是：将国营企业分为大中型企业和小型企业，大中型企业按55%的比例向国家缴纳所得税，税后利润在保证企业合理留用后，按固定比例、定额包干、递增包干和调节税等多种方法上缴国家；盈利的小企业则按照八级超额累进税率缴纳所得税，税后利润一般留给企业，国家只对一部分利润较多的企业收取一定的承包费。

自1994年10月1日起，在全国实行“利改税”第二步改革。改革的基本内容是：将国营企业应上缴的财政收入按规定的11个税种向国家缴税，税后利润归企业支配；对国营大中型企业按55%的比例税率征收所得税，对税后利润超过原来留利的部分再征调节税，调节税“一户一率”；对小型企业实行新八级超额累进税率。

“利改税”改革改变了过去国营企业上缴利润的分配方式，在国家与企业的分配关系上第一次引进了所得税的形式，具有重大的历史意义。它不仅规范了企业之间的分配关系，克服了企业留成制度的不确定性，而且有利于建立健全企业的经营责任制，增强企业活力。

2. 工商税制的改革和完善

在实行两步“利改税”同时，对工商税制进行全面改革：一是改革流转税制。1984年9月取消工商税，并把其分为产品税、增值税、营业税和盐税等四种税。1984年后，对流转税制进行了大量的改进工作，其中心内容是扩大增值税的实施范围。二是健全所得税制。自1985年4月起，中国先后出台了集体企业所得税、城乡个体工商户所得税和私营企业所得税等制度，并开征个人收入调节税，初步构建了所得税体系。1991年8月，将国营企业所得税率降低到33%。三是开征新税种，恢复老税种，拓宽税收调节领域。对某些采掘企业开征资源税；恢复和开征盐税、烧油特别税、房产税、土地使用税、车船使用税、城市维护建设税、印花税、特别消费税等税种。

3. 建立健全涉外税制

随着对外开放政策的实施，中国与国外交流与合作日益增多。为有效维护国家税收权益，促进对外开放政策的进一步落实和中外合资企业的发展，中国开始建立涉外税制。先后开征中外合资经营企业所得税、个人所得税、外国企业所得税等税种，初步建立了一套比较完整的涉外税收法规。

（二）建立社会主义市场经济体制的工商税制改革（1994年）——现代税制体系的发展期

1. 1994年的工商税制改革

党的十四大明确提出了中国的改革目标是建立社会主义市场经济体制，党的十四届三中全会又作出了《关于建立市场经济体制若干问题的决定》，对社会主义市场经济体制的框架作出了全面、系统的阐述，并指出财税改革的重点之一就是把现行地方财政包干制改为在合理划分为中央与地方事权基础上的分税制，建立中央税收和地方税收体系。国务院在1993年12月发布了《关于实行分税制财政管理体制的决定》（国发〔1993〕85号），决定分税制从1994年1月1日起在全国实行。这次税制改革是新中国成立以来规模最大、范围最广、内容最深刻、力度最强的结构性改革。按照《国务院批转〈国家税务总局工商税制改革实施方案〉的通知》（国发〔1993〕90号）规定，1994年税制改革的指导思想是：统一税法，公平税负，简化税制，合理分权，理顺分配关系，规范分配方式，保障财政收入，建立符合社会主义市场经济要求的税制体系。这次税制改革主要内容包括：

（1）全面改革流转税，建立以增值税为主体的新流转税制度。一是改革增值税制。改变了按产品分设税目、分税目制定差别税率的传统做法，确立了在生产和流通环节普遍征收增值税并实行价外计税的办法；实行两档基本税率（13%和17%）；规定了允许扣除的增值税范围，建立了凭专用发票注明税款扣税的制度。二是改革消费税制。在普遍实行增值税的基础上，选择少数消费品再征收一道消费税。三是改革营业税制。对有偿提供劳务、转让无形资产和销售不动产的业务征收营业税。

（2）统一所得税制度。一是改革企业所得税制度。对内资企业实行统一的企业所得税制，相应取消了国有企业调节税；规范了税前扣除项目和列支标准，在统一税基的前提下，实行33%的比例税率，国有企业不再执行承包上缴所得税的办法。二是改革个人所得税制度。统一个人所得税，取消原个人收入调节税和城乡个体工商户的所得税。新的个人所得税法适用范围，包括按税法规定有纳税义务的中国公民和从中国境内取得收入的外籍人员。

（3）调整、撤并和开征其他一些税种。一是开征土地增值税。明确规定了土地增值税纳税人的范围，凡有偿转让房地产都属于征税范围；土地增值税实行四级超率累进税率。二是改革资源税。将资源税征收范围定为矿产品和盐，并重新确定了七个税目。三是改革城市维护建设税，调整城镇土地使用税税率。四是取消集市交易税、牲畜交易税、奖金税和工资调节税。五是将特别消费税和烧油特别税并入消费税，盐税并入资源税。

1994年的税制改革，税种设置由原来的37个减为24个[①]，初步实现了税制的简化、规范和高效的统一。这次改革显著地规范和强化了税收功能，并紧密配合了财政的分税制改革，对社会主义市场经济体制的建立和发展发挥了重要的作用。

2. 1994年之后税制的进一步调整

为了巩固和发展1994年税制改革的成果，1994年之后，根据经济社会发展变化及新税制运行过程中出现的新情况，中国对税

① 由于当时遗产税和证券交易税尚未立法开征，故实质上是从37个税种简化为24个。

制进行了调整和完善，主要内容包括：

一是调整和完善增值税政策。例如，将农产品、农用水泵、农用柴油机、金属矿和非金属矿采选产品的增值税税率由17%调整为13%；重新确定了商业一般纳税人的认定标准，将商业小规模纳税人的增值税征收率由6%调为4%。

二是调整和完善消费税政策。例如，自1995年1月1日起，将金银首饰消费税纳税环节由生产环节改给零售环节，并将税率由10%下调为5%；1998年，将“护肤护发品”税目中的一些商品的消费税率由17%调整为8%。

三是调整和完善营业税政策。从1997年1月1日起，将金融保险业营业税税率由5%提高到8%，提高税率增加的收入归中央财政。为支持金融保险企业发展，2001年开始，金融保险业营业税税率每年下调1个百分点，2003年恢复到5%，中央因提高税率分享部分随之取消。

四是调整和完善所得税政策。自1997年1月1日起，将证券交易印花税收入分享比例调整为中央80%，地方20%。将证券交易印花税税率由原来对买卖双方各征收3‰调高到5‰，其中，调高税率增加的收入全部作为中央收入。由此，中央与地方证券交易印花税分享比例折算为中央88%，地方12%。2000年，国务院再次决定，从2000年起分三年将证券交易印花税分享比例调整到中央97%、地方3%。中央由此增加的收入主要用于支持西部贫困地区发展，并作为补充社会保障资金的一个来源。

（三）完善社会主义市场经济体制的税制改革（2003年）——现代税制体系的发展与完善期

2003年10月14日，党的十六届三中全会通过了《中共中央关于完善社会主义市场经济体制若干问题的决定》，标志着中国改革进入新的阶段。与此相适应，中国开启了新一轮的税制改革。这次税制改革的原则是：简税制、低税率、宽税基、严征管。此次税制改革不同于1994年税制的集中性改革，而是采用了分期分批渐进和结构性的调整方式。但从改革内容来看，新一轮税制改革所涉及的深度和广度也较大，除了少数的税种维持不变外，大部分税种都进行了改革和完善。具体来看，税制改革主要有以下几个方面：

1. 废止了部分税种

废止的税种包括：农业税（农业特产税）、屠宰税、筵席税、城市房地产税。

2. 合并和新开征了部分税种，统一了各类企业税收制度

包括：车船使用税和车船使用牌照税合并为车船税、统一房产税、新开征了烟叶税；统一了内外资企业的企业所得税、城市维护建设税和教育费附加制度。

3. 改革了部分税种

主要包括：一是增值税“转型”和“扩围”改革。2004年9月，对东北老工业基地的6个行业实施增值税由生产型向消费型的转型改革试点。自2009年1月1日起，在全国范围内全面实施增值税转型改革。2011年11月16日，开启营业税改征增值税的试点工作，上海作为此方案的首个试点城市。二是多次上调个人所得

税工资薪金费用扣除标准和暂时免征利息所得税。三是调整消费税征收范围，实施成品油税费改革。四是资源税实现从“从量计征”到“从价计征”改革。自2010年6月1日起，在新疆率先将石油、天然气资源税由从量计征改为从价计征，税率为5%。自2010年12月1日起，这一改革举措被推广到整个西部地区12个省份。2011年9月21日，国务院常务会议决定对《中华人民共和国资源税暂行条例》作出修改，规定自2011年11月1日起，在现有资源税从量定额计征基础上增加从价定率的计征办法，调整原油、天然气等品目资源税税率。

其中，取消农业税、增值税的全面转型、内外资企业所得税的统一是此轮税制改革的核心。

（四）当前中国税制的主要特征

改革开放以来，中国逐步建立了适应社会主义市场经济体制要求的统一的税收制度，税制结构日益合理，税收法制建设逐步完善。当前中国税制表现出以下主要特征：

1. 逐步形成了适合市场经济需要的复合税制结构体系

1994年税制改革，中国税制的税种设置由原来的37个减少为24个。此后，经过进一步改革，由24个简化到目前的19个，税制得以进一步简化，形成了适合市场经济需要的税制结构体系。税制构成参见表1。

表1　　1994年税制构成和目前税制构成的比较

税种类别	1994年的税制构成	目前的税制构成
流转税	增值税、消费税、营业税、关税	增值税、消费税、营业税、关税
所得税	企业所得税、外商投资企业和外国企业所得税、个人所得税	企业所得税、个人所得税
财产税和行为税类	房产税、城市房地产税、车船使用税、车船使用牌照税、船舶吨税、印花税、筵席税、土地增值税、城市维护建设税、固定资产投资方向调节税	房产税、车船税、船舶吨税、印花税、土地增值税、城市维护建设税、固定资产投资方向调节税（停征）、车辆购置税
资源税类	资源税、城镇土地使用税[1]	资源税、城镇土地使用税
其他税类	农业税[2]、牧业税、耕地占用税、契税、屠宰税	耕地占用税、契税、烟叶税

注：1. 计划开征的遗产和赠与税、证券交易税没有开征；船舶吨税没有纳入预算管理。

2. 农业税含农业特产税。

2. 税收收入初步形成了以流转税和所得税为主体的税制结构

虽然流转税仍占据绝对地位，但比重逐步下降，所得税的比重在逐步提高，税收收入已经初步形成了以流转税和所得税为主体的税制结构。具体情况如下：

（1）增值税是我国的第一大税种，但近年来，收入比重呈现出下降的趋势，增值税收入占总收入比重由1994年的45.02%下降到2013年的26.2%。

（2）营业税作为地方税的主要税种，其占全部税收收入的比例一直在10%～20%之间，整体变化不大。

（3）消费税作为增值税和营业税的补充，近年来税收收入呈现了较大的下滑趋势，由1994年的8.96%一度探低到2008年的4.74%，2012年又略有回升达到7.8%。

（4）企业所得税的收入呈现逐步上升的趋势，由1994年的13.82%上升至2012年的19.5%，但相比于增值税而言，其在税制结构的地位仍显逊色。

（5）个人所得税收入所占比重虽然仍不是很高，但增速较快，从1994年的1.42%提高到了2012年的5.8%。

（6）其他收入。1994年税制改革后，中国财产行为课税的比重均有所提高，但总体所占比例不高。

表2　　1994—2010年中国主要税种税收收入　　单位：亿元

年份	税收总收入	其中：						主要间接税占比(%)	主要直接税占比(%)
		国内增值税(1)	国内消费税(2)	营业税(3)	关税(4)	企业所得税(5)	个人所得税(6)		
1994	5127	2308	487	670	273	708	73	72.9	15.2
1995	6038	2602	541	866	292	878	132	71.2	16.7
1996	6910	2963	620	1053	302	968	193	71.5	16.8
1997	8234	3284	679	1324	319	963	260	68.1	14.9
1998	9263	3628	815	1575	313	926	339	68.4	13.6
1999	10683	3882	821	1669	562	811	414	64.9	11.5
2000	12582	4553	858	1869	750	1000	660	63.8	13.2
2001	15301	5357	930	2064	841	2631	995	60.1	23.7
2002	17636	6178	1046	2450	704	3083	1212	58.9	24.4
2003	20017	7237	1182	2844	923	2920	1418	60.9	21.7
2004	24166	9018	1502	3582	1044	3957	1737	62.7	23.6
2005	28779	10792	1634	4232	1066	5344	2095	61.6	25.8

续表

年份	税收总收入	其　中：						主要间接税占比(%)	主要直接税占比(%)
		国内增值税(1)	国内消费税(2)	营业税(3)	关税(4)	企业所得税(5)	个人所得税(6)		
2006	34804	12785	1886	5129	1142	7040	2454	60.2	27.3
2007	45622	15470	2207	6582	1433	8779	3186	56.3	26.2
2008	54224	17997	2568	7626	1770	11176	3722	55.3	27.5
2009	59522	18481	4761	9014	1484	11537	3949	56.7	26.0
2010	73211	21093	6072	11158	2028	12844	4837	55.1	24.2
2011	89738	24267	6936	13679	2559	16770	6054	52.9	25.4
2012	100614	26416	7876	15748	2784	19655	5820	52.5	25.3
2013	110497	28803	8230	17217	2630	22416	6531	51.5	26.2

数据来源：《2013年中国统计年鉴》及国家税务总局网站。

注：1. 企业所得税2001年以前只包括国有及集体企业所得税，从2001年起，企业所得税还包括除国有企业和集体企业外的其他所有制企业所得税，与以前各年不可比。

2. 国内增值税不包括进口产品增值税；国内消费税不包括进口产品消费税。

3. 个人所得税1994—1998年数据来自国家税务总局网站，1999—2010年数据来自《2012年中国统计年鉴》。

4. 主要间接税占比是指国内增值税、国内消费税、营业税和关税之和占全部税收总收入的比重，主要间接税占比是指企业所得税和个人所得税收入之和占全部税收总收入的比重。

3. 税制逐步趋向公平、统一

自改革开放以来，中国逐步建立了内外统一、城乡统一的税收制度，为各类市场主体参与公平竞争提供了税收制度保障。

（1）内外税制的逐步统一

1991年，将中外合资经营企业所得税和外国企业所得税合并为外商投资企业和外国企业所得税，统一了外资企业所得税制度。1994年，将国营企业所得税、国营企业调节税、集体企业所得税和私营企业所得税合并为企业所得税，统一了内资企业所得税制度；对内资企业和外资企业实行了统一的增值税、营业税和消费税制度；统一了中外个人的所得税制度。2008年，统一了内外资企业所得税制度。自2006年至2009年，先后将车船使用税与车船使用牌照税合并为车船税，将城镇土地使用税、耕地占用税和房产税的征收范围扩大到外资企业。2010年12月，外资企业适用城市维护建设税，标志着内外税收制度的基本统一。

（2）城乡税制趋向统一

2005年，免征了牧业税，2006年，取消了农业税和屠宰税，原有的农业税制逐步淡化，中国城乡税制的差异也逐渐缩小。

4. 现行税制体系体现了较强的组织收入功能，调节功能也在不断增强

自1978年税制改革以来，中国现代税制组织收入功能不断增大，税收收入已经成为财政收入的主要来源，能够为政府公共服务提供重要资金。中国税收收入呈现长达十多年的高速增长态势，并且自1997年以来，税收收入增长速度一直快于GDP的增长速度。同时，随着税收制度的不断完善，其调节功能也在不断增强。

二、第四轮税制改革

由于改革35年来税收重要作用的充分展现，党的十八届三中全会通过的《中共中央关于全面深化改革若干重大问题的决

定》（以下简称《决定》）中对财政税收体制作出重要评价：“财政是国家治理的基础和重要支柱，科学的财税体制是优化资源配置、维护市场统一、促进社会公平、实现国家长治久安的制度保障。”作为新一轮税制改革的目标就是要建立统一完整、法治规范、公开透明、运行高效，有利于优化资源配置、维护市场统一、促进社会公平、实现国家长治久安的可持续的现代税收制度。

（一）新一轮税制改革的原则

1. 完善立法

落实税收法定原则，合理配置中央和地方的税收立法权和税政管理权，依法行使税权，适时提高税收立法层级，统一规范税收政策，构建全新地方税体系，促进各级政府财力与事权相匹配。

2. 稳定税负

要保持“两个稳定”，一是保持税负的基本稳定，处理好政府和纳税人之间的关系，在深化税制改革进程中保持现行税负水平的基本稳定，不增加企业和个人的税收负担；二是保持现有中央和地方财力格局的总体稳定，正确处理中央政府和地方政府的税收分配关系，调整分税制不影响地方现有利益格局，只作结构调整。

3. 改革税制

逐步取消一些财政意义不大、职能交叉重叠的税种，开征一些新税种，将现行18个税种适当压缩，重点优化结构，科学配置要素，促进税收职能有效发挥。

4. 加强征管

没有科学有效的税收征管能力的配合，再好的税制也发挥不了它的应有作用。

（二）新一轮税制改革的实施步骤

新一轮税制改革的任务非常丰富、非常艰巨、非常复杂，按照中央的统筹部署，要分步实施，成熟一个，推出一个。2016年，基本完成新一轮税制改革的重点工作和任务，2020年，基本建立现代税收制度。

（三）新一轮税制改革的内容

1. 完善地方税体系

《决定》指出："深化税收改革，完善地方税体系。"

（1）打造专属地方政府的主体税种

从长远看，参照国际惯例，应该将比较有潜力的房地产税打造成为专属地方政府的主体税种。党的十八届三中全会明确提出了加快房地产税立法，这与落实税收法定原则相呼应，更有利于体现房地产税的公平性。我国须在总结上海、重庆试点以及十市"空转模拟评税"试点等经验的基础上，凝聚共识，统筹整合理顺房地产税费制度，将现行的房地产税收和某些合理的房地产方面的行政性收费一并合理化，并改变目前重流转环节税收、轻保有环节税收的做法，将住房开发流转环节的部分税负转移到保有环节，提高相关法规、资金、运行机制的透明度，在逐步提高立法层次和继续鼓励先行先试的过程中，实质性推进个人住房房产税改革和房地产相关税制改革。

短期内，具有较强可操作性的是将现有的消费税和资源税加以改造，将其纳入地方税的征收范围，以此弥补地方税收入的不足。首先，扩大消费税税基，按照十八届三中全会的要求，调整消费税征收范围、环节、税率，把高耗能、高污染产品及部分高档消费品纳入征收范围。在此基础上，选择某些消费品，在科学、严密征管手段配合下，把消费税的征收环节从现在的生产环节前移到零售环节，从而实现消费税税源的均匀分配。通过这样的改革，消费税现有的收入规模有可能获得增加。其次，扩大资源税征税范围，优化资源税计征方法，实行从价与从量相结合的征管方法。

（2）赋予省级政府适当的税收管理权限

自党的十六届三中全会以来，“赋予地方适当的税收行政管理权”就被提上了议事日程。十八届三中全会再次明确指出：“保持现有中央和地方财力格局总体稳定，结合税制改革，考虑税种属性，进一步理顺中央和地方收入划分。”适当赋予地方政府税收管理权限需与这一要求紧密结合。具体而言，一是按照财权与事权相适应的原则，地方税权的界定、地方主体税种的确立和税种结构的优化，完善地方税体系。二是科学安排税种分享比例，依据事权与支出责任相适应的客观需要、民生事项的重要程度和社会公共管理的相关性等来确定税种分享，凡与地方民生相关大、更富地方特性的税种，应增大所在地的分享比例。三是赋予省级政府对地方主体税种一定的管理权限，如：税率在一定区间的调整权。在保证国家宏观经济政策政令畅通，不挤占中央税、共享税税源，不影响周边地区经济利益的前提下，允许省级政府通过立法程序，并经中央政府批准，对具有区域性特征的税源开征地方性税种。

2. 提高直接税比重

《决定》指出："深化税收改革，逐步提高直接税比重。"

凡是税负不能或难以转嫁的税种为直接税（税收痛感直接的税种），企业所得税、个人所得税、车辆购置税、土地增值税、房产税、车船税、城镇土地使用税、契税和船舶吨税等9个税种属于直接税。凡是能够或容易转嫁的税种为间接税（税收阵痛间接的税种）。增值税、消费税、营业税、资源税、耕地占用税、城市维护建设税、印花税、烟叶税和关税等9个税种为间接税。以直接税为主体的税制结构更侧重于公平，以间接税为主体的税制结构更侧重于效率。成熟的税收制度应当做到直接税与间接税比例协调，兼顾公平与效率目标。当前，我国有提高直接税的空间。经济合作与发展组织（OECD）国家直接税与间接税比例多数为6：4，发展中国家是5：5，我国直接税比例从1994年的16%，提高到2013年的31%。新一轮税制改革将继续提高直接税比重。如：逐步建立综合与分类相结合的个人所得税制和加快推进房地产税改革；全面实行"营改增"，消除重复征税，降低间接税比重，同时增加企业所得税税基，相应提高直接税比例；随着社会发展使得居民收入和财富不断增加，都会相应扩大直接税税源。

3. 推进增值税改革

党的十八届三中全会明确提出："推进增值税改革，适当简化税率。"

近年来的增值税改革进展情况。增值税在1979年试行，1994年建立现行税制基本框架，并成为第一大税种。2013年占全部税收收入的35.2%。1994年的增值税主要存在两个问题：一是抵扣不彻底，固定资产（动产、不动产）没有纳入抵扣范围，带来了对投资的重复征税；二是增值税不全面，因增值税仅以货物为征税对象，对大部分劳务仅征营业税，因增值税与营业税两个税种不能相互抵扣，造成制造业和服务业之间重复征税。为解决上述两个问题，从2004年开始推出了增值税转型（转生产型为消费型）和增值税扩围的改革。

2004年7月1日起，增值税转型在东北老工业基地启动，2007年7月1日起，试点扩大到中部6省26个城市；2008年7月1日起，扩大到内蒙古和汶川地震灾区；2009年，在全国推行增值税转型，有效地拉动了GDP增长，促进了企业机器设备的投资和改造。2009年，当年减税1400亿元，拉动投资增长10.1%，为GDP增长贡献了0.4个百分点。

当前，税制改革的重头戏是"营改增"改革。"营改增"始自2012年在上海等地实行的"1+6"（交通运输业+6个现代服务业），到2013年8月起升级为"1+7"（交通运输业+6个现代服务业和广播影视服务），到2015年"十二五"落幕之时，"营改增"将推广至全国所有行业和所有地区。在"营改增"过程中，我们发现随着引入两档新的税率而使得整个税率级次增至4级（17%、13%、11%、6%），形成复杂税率格局。这会使增值税陷入"非中性"状态。为此在"营改增"全面实现后，必须相机启动简化增值税税率的改革，全面推进"营改增"和实现深化增值税改革的步骤。第一步，继续扩大"营改增"的范围，包括生活服务业、建筑业、不动产、金融业等；第二步，2015年基本实现"营改增"全覆盖；第三步，进一步完善增值税制，适当简化税率，构建现代增值税制度；第四步，完善增值税中央和地方分配体制；第五步，实行增值税立法。

4. 建立综合与分类相结合的个人所得税制

《决定》指出："逐步建立综合与分类相结合的个人所得税制。"

这种个人所得税制就是将部分所得项目合并为综合所得，实行日常预扣预缴、个人年终自行申报、汇算清缴、税务评估和检查，对其他所得实行分项所得计税。

从党的十六届三中全会就提出来实行综合与分类相结合的个人所得税制，十几年来这个改革方案没有得到落实，总是围绕工资薪金所得费用扣除标准上下功夫。2006年1月1日，费用扣除标准由800元/月提高到1600元/月，2008年3月提高到2000元/月，2011年9月提高到3500元/月。这种简单地提高费用扣除标准的做法，对于缩小贫富差距起不到大的作用，甚至产生反调节作用。

为了配合综合与分类相结合的个人所得税制的实施，除了完善个人所得税收制度外，还必须在征管上下功夫，需要创造大量的社会配套条件，如：建立第三方信息提供制度；建立纳税人识别号制度；限制结算行为中的现金交易；建立完善的配套法律法规；建立全国数据集中的个人所得税信息管理系统的平台。

5. 推进房地产税改革，加快其立法

《决定》要求加快房地产税立法并推进改革。

目前，在房地产保有环节征收的主要税种有两个：一是1986年开征的房产税；二是1988年开征的城镇土地使用税，分别对城市、县城、建制镇和工矿区的工商业房产和用地征税。从2003年至今，围绕对自然人居民开征房地产税的探索已经持续了至少10年。困扰房地产税开征的因素主要在于税收征管机制。由于历史和现实的多种原因，现行税务机关的税收征收机制难以对接针对自然人居民征收且具有财产存量性质的房地产税。开征房地产税的最大难点也在于此。

目前，房地产税改革遇到许多问题。一是对全部居民征税还是只对城镇居民征税。二是对住房的增量征税还是对存量增量一起征税；如何对居民住房和工商业房地产实行差别政策；如何对工商业房地产进行纳税评估等。房地产税改革的方向是：合并现有的房产税和城镇土地使用税，建立统一的房地产税；税负水平依据现行房地产税和房地产开发建设环节收费转为税收的负担测算确定；计税依据确定为房地产的评估值。实施房地产税，一是有利于各类企业公平竞争；二是有利于解决房、地分别征税带来的税制不规范问题，也使房地产税收政策与房地产运行方式相适应；三是按评估价值征税，能比较客观地反映房地产价值和纳税人的承受能力，有利于解决现行房地产税收制度存在的计税依据不合理问题；四是有利于正确处理税费关系，规范房地产市场。通过开征房地产税适当吸纳一部分收费，有利于降低房地产的即期成本和售价，使房地产开发建设环节收费转为税收的部分可以分散到未来若干年来收回，不会明显增加房地产所有人每个纳税期的税收负担。同时，有利于促进城乡建设和房地产市场的健康发展，改善普通居民的居住条件。

6. 加快资源税改革

《决定》指出：“加快资源税改革……逐步将资源税扩展到占用各种自然生态空间。”我国现行的资源税只是对开采煤、石油、天然气、矿产品、盐等自然资源所取得的收益征收的一种税。由于资源税收入大部分归地方，往往会引起对自然资源的过度开发，加剧了生态环境的恶化。资源税的改革和完善要从两个方面入手：

一是应扩大征税范围。将水、森林和草场等可再生但已遭到严重破坏的资源纳入征税范围，以解决我国目前严重缺水、土壤沙化、水土流失等问题。然后扩大到所有矿藏和非矿藏资源，再将土地、海洋、地热、动植物等资源都纳入征收范围，建立一般性质的资源税，弱化原有调节级差收益的功能，向所有自然资源开采单位和个人普遍征收，最终实现政府通过征税调节自然资源的供给需求，进而影响自然资源配置的目的。

二是应完善计税依据。对从量定额征收的应税资源的计税依据，改为从价计征，资源税计税依据由销售数量改为销售额。国家只需确定从价计征的税率，价格由市场决定，使得调节机制更灵活，更有效。

7. 推动环境保护税改革

《决定》指出："推动环境保护费改税。"

当前，我国要真正实现节能减排目标，单靠行政干预是远远不够的。借鉴西方国家进入全面"绿化"税制新阶段的经验，我国也应在贯彻现代化战略过程中理顺环境税费制度，加快环境保护税制度建设。我国亟须解决的问题是企业对大气和水的污染问题、工业和生活固体废弃物的污染方面的问题，以及对城市环境和居住环境造成污染的问题。因此，在现阶段政府可以针对这些问题开征税收：

（1）大气污染税和水污染税。目前，政府已对二氧化硫征收排污费，在时机成熟时可以实施"费改税"，开征二氧化硫税，同时应该将征税范围扩大到二氧化硫等其他有害气体。目前，政府只对水的开发和污水排放收费，应尽快"改费为税"，开征水污染税。

（2）固体废弃物税。政府可以先对工业生产排放的废渣以及各类污染环境的工业垃圾征税，然后逐步扩展到对农业废弃物、生活废弃物征税。具体税种可有润滑油税、旧轮胎税、饮料容器税、废旧电池税、一次性饮料瓶税等。

（3）对城市环境和居住环境造成污染的行为征税，比如噪音税、工业用户税、车辆拥挤税等。

目前，环保部门对45种大气污染物、71种水污染物、7种固体废物和2种噪音污染的排放收费。以上污染物可全部纳入环保税的征收范围。

8. 清理规范税收优惠政策

税收优惠政策在地方招商引资中扮演着众所周知的重要角色，对于一些落后地区的经济发展起到了一定的作用。但如果每个地方都利用区域性的税收优惠政策，实际上就变成了税收的恶性竞争，这完全不符合市场经济条件下的政策取向，需要规范。税收优惠政策的改革方向应是更多按产业来安排，而不是区域。对于“十二五”规划鼓励优先发展的产业，如节能环保产业、新一代信息技术产业、生物产业、高端装备制造产业、新能源产业、新材料产业、新能源汽车产业等，我们应从进项抵扣、加速折旧、税率等多方面研究税收优惠政策，鼓励这些行业的发展。但区域性税收优惠政策并不是完全取消，对一些欠发达地区或国家优先发展的地区，如新疆、西藏等西部地区，在一定时期内还可以适当保留。

9. 完善国税、地税征管体制

《决定》指出：“完善国税、地税征管体制。”

当前，对国家提出完善国税、地税征管体制，除了要完善国税、地税征管职责划分和内部组织体制之外，是否还包括目前省以下税务机关要继续分设两套税务机构的改革？如果有的话，就有两种不同的看法。

第一种看法是：国税、地税机构不宜合并。其理由：一是1994年国税、地税机构分设取得了巨大成效；二是国税、地税机构分设是国际通行做法；三是国税、地税机构合并可以解决当前存在的一些问题，但会产生更大更多的难题，特别是机构归属。

第二种看法是：分设国税、地税两套税务机关是1994年分税制改革时确定的，适应了当时的实际情况。但时至今日，国税、地税税务机关合而为一是必要的。原因如下：一是合并后的税务机关完全可以较好地完成税收工作任务。从中央政府看，原来的收入就是由国税局征收的，合并后，不会有太大的影响。从地方政府看，40%以上的收入是依赖中央财政转移支付的（甚至有些地区会超过50%、60%），60%左右的收入是税费收入，多为地税机关征收的。依托现有的税收信息化监控水平，合并后，地方收入由统一后的税务局征收是可以的。二是从工作效率看，现有的国税、地税机关针对相同的纳税人会分别进行税务登记、设置征收账户、信息管理系统和税务稽查，合并两套税务机关工作可以有效整合，可以大大提升征管效率。从成本看，无论是国家财政支出成本还是纳税人的纳税成本均有一定程度的减少，国家不必承担两套税务机关的财政费用，纳税人也可以仅针对一个税务机关办理相关涉税事宜了。

完善国税、地税征管体制要着力解决国税、地税征管职责划分中的问题，如：企业所得税一个税种，国税、地税两家都管所引发出来的矛盾。要着力解决税务机构内部组织体制与形势发展不相适应的问题。如：大企业集团跨国、跨区域经营，与税务机关按属地征收之间带来的矛盾。要着力解决提高税收征管的效能；要加快修改《税收征管法》；要创新税收征管方式，解决管不了、管不好的问题；要提高税务人员素质；要加强国际税收征管合作。

国际税收制度的科学化、现代化、国际化

郝昭成，1944年8月生，国家税务总局原副局长、中国国际税收研究会原会长，第十届全国政协委员。

中国国际税收已经走过了35个春秋。回顾、总结、展望正当其时，意义不凡。回顾是为了总结，总结是为了展望，展望更加充满发展信心。

一、回顾

中国国际税收制度发展的大背景，一是改革开放，二是经济社会发展，三是税收体

制健全。

中国国际税收制度发展的历程，一是起步探索阶段，1979—1998年；二是改革转型阶段，1998—2008年；三是规范发展阶段，2008年至今。这一历程，是中国国际税收制度科学化、现代化、国际化发展的历程。

以涉外税制的起步探索建立为例。改革开放初期，我国采取系列的重大的“请进来”举措，积极引进资金、技术和人才。一是积极开展对外融资，主要是吸收国际金融组织贷款、外国政府贷款、外国金融机构贷款；二是积极吸引外商直接投资，主要方式是举办“三资企业”、开展补偿贸易、合作开发资源。三是积极引进外国先进技术和人才，主要方式是多予优惠，创造条件。面对外国资金、技术、人才的大量涌进，建立涉外税制迫在眉睫，一方面维护国家税收权益，一方面保护纳税人利益，更重要的是保证改革开放政策的有效落实。在这一背景下，1979年5月当时的财政部税务总局在成都召开了全国税务工作会议，专门研究涉外税制建立问题。会议收获三点：一是统一了改革思路。为适应“经济变革和对外经济往来的发展”，“对现行的几种税进行必要的改革”；“适当恢复一些旧税种，开征一些新税种”。二是议定了基本税制。流转税方面，暂时沿用1958年“全国人大常委会”原则通过、国务院公布的工商统一税条例（草案）；企业所得税方面，暂时沿用前政务院1950年制定的工商业税暂行条例中所得税部分的规定；财产税方面，暂时沿用前政务院1951年公布的《城市房地产税暂行条例》和《车船使用牌照税暂行条例》。三是提出了新要求。继续积极开展涉外税收研究和立法准备工作。这次会议，为中国涉外税制奠定了思想理论准备，奠定了基本税制准备。根据建立涉外税制的统一部署，1980年6月9日，财政部向中央提出了拟在1980年制定中外合资经营企业所得税法和个人所得税法的意见。1980年9月10日，第五届全国人民代表大会第三次会议通过了《中华人民共和国中外合资经营企业所得税法》和《中华人民共和国个人所得税法》，从即日起执行。1981年12月13日，第五届全国人民代表大会第四次会议通过了《中华人民共和国外国企业所得税法》，自1982年1月1日起执行。这三部法律为解决涉外企业和个人所得税征收管理提供了法律保障。这三部所得税法律与已确定征收的流转税、地方税法律法规，构成了一套比较完整、适用的涉外税收制度。从此，中国国际税收在起步中探索、在探索中建立起来了。

据报道，时任美国国务卿的塞勒斯·万斯先生访华后，高度评价了这三部涉外税收法律。他说："这几部法律体现了中国的对外开放政策，它们的及时颁布，使外国企业家增加了在华投资利益的可预见性，对投资者作出投资决策有极为重要的作用。"

事实充分证明，这样一部探索改革、从无到有、有别内税、自成体系的涉外税收新制度，适应了改革开放和涉外经济发展的需要，维护了国家税收权益和纳税人利益，促进了我国改革开放战略有效实施。

二、总结

发展需要改革，实践倒逼改革。中国国际税收制度的改革完善、规范发展，形成了自己的思路、方法和经验。

一是从基本思路看，就是把国际税收制度的科学化、现代化、国际化作为追求的目标。

所谓科学化是针对税制本身提出来的。（1）简单。税制简化，内容简明、程序简捷，税种简要。（2）公平。纳税人的税负与其负担能力相适应，纳税人之间的负担水平保持平衡，实现税收的横向公平与纵向公平。（3）中性。税收制度应当尽可能避免对经济行为的扭曲，避免影响纳税人自由决定和经营方式的选择。（4）确定性。税收制度对纳税事项应当作出清晰的定义与界定。（5）易于遵从和执行。税收制度应该有利于引导遵从行为，有利于降低遵从难度，有利于消除制度的无知性不遵从行为。（6）成本低。税收制度应当考虑征收成本和纳税成本，尽可能的减少纳税成本。（7）透明。税收制度制定的过程，应当是纳税人参与、了解的过程。（8）可预见性。税收制度变化，应该规定适当的缓冲期，留足纳税人理性预测和调整规划的空间。

所谓税收制度的现代化是针对适应经济社会发展变化提出来的。（1）与我国经济社会发展的适应性。按着经济社会改革的需要，税收制度应当及时应对和引领、保障和促进发展。（2）与我国纳税人情况变化的适应性。税收制度应当依据纳税人变化的情况，与时俱进地适应变化。（3）与市场经济规则的兼容性。税收制度源于并服务于市场经济，二者之间的兼容性是内在的、实质的。（4）税收决策、立法的及时性。经济社会改革发展的机遇性和挑战性，需要税收决策、税收立法的及时性，及时性保障机遇性、最佳效果性。

所谓税收制度的国际化是针对遵循税收国际准则和国际惯例提出来的。（1）与WTO框架下的税收准则和税收制度对接。

对接是为了遵循，遵循是为了利用，利用是为了发展。（2）与国际税收概念、惯例的对接。税收制度改革走向趋同化，国际税收概念、惯例走向标准化、国际化。只有对接，才能“通用”。（3）与国际税收协调合作的方式对接。“国际税收是国家税收的国际方面”，经济发展全球化、金融危机全球化、税收公平全球化的浪潮，倒逼、紧逼国际税收协调合作的紧密化、制度化。

行成于思。涉外税收制度由“独立”到“统一”的35年历程，足以体现科学化、现代化、国际化的轨迹行程。比如，在流转税方面，外资企业由1979年单独征收工商统一税到1994年与内资企业统一征收增值税、消费税、营业税；在个人所得税方面，外籍个人由1980年单独立法征收到1994年统一征收不分国籍的个人所得税；在财产和行为税方面，外资企业由1979年执行1951年的旧税种条例到2007年与内资企业统一征收财产与行为税；在企业所得税方面，外资企业由1980年单独立法征收到2008年统一征收不分内外资性质的企业所得税。从此，结束了涉外税收制度的“独立”，结束了纳税人姓外姓内的区别，实现了税收制度的统一，实现了税收的公平。

二是从基本方法看，就是按照国际税收制度科学化、现代化、国际化的要求，在注重“洋为中用”、注重实际需要、注重探索创新上下功夫。

比如“洋为中用”。企业所得税率的设定，一般是吃透两头，一头是我国纳税人实际税收负担能力，另一头是发达国家、发展中国家、周边国家的税收负担情况，再考虑其他因素，最终确定批准的。

比如实际需要，就是从解决实际问题出发。1981年公布的中外合资经营企业所得税法，其中“一免两减半”的税收优惠政策，刚刚实行不到两年，于1983年9月2日又修改扩大为“两免三减半”，目的是扩大改革开放，增强“请进来”的力度。这既符合国际惯例也符合我国实际情况。

比如探索创新。20世纪80年代初，外商投资企业利用关联企业，采取“高进低出”的手段，转移利润的问题十分突出，甚至出现了“常亏不倒户”。要不要开展转让定价反避税调查，多数人支持，少数人担心会吓跑外资，影响开放。但是为了保护公平竞争、维护我国税收权益，还是决定在全国开展反避税的调查探索。如果没记错的话，第一个全国开展反避税调查的决定，是1986年财政部税务总局召开的涉外专业会议上作出的，要求上海、广州、深圳、珠海、厦门等地先行调研。第一个反避税办法即《特区外商投资企业与关联公司交易业务税务管理暂行办法》，是在总局指导下，形成于深圳市税务局。第一部地方性反避税行政法规，是深圳市政府按照法律授权，于1987年11月公布的反避税办法，成为我国转让定价税制的雏形。第一部全国反避税制度，是1988年1月财政部税务总局将深圳办法转发全国执行，由此拉开了全国反避税的大幕。1991年7月，合资企业与外国企业两部税法合并为《中华人民共和国外商投资企业和外国企业所得税法》，其中转让定价单列一章，至此，反避税法律性制度得以建立。1992年12月当时的国家税务局发布了全国第一个反避税规程，规范了反避税的操作，加强了反避税的管理。

三是从基本经验看，就是遵循国际税收制度的科学化、现代化、国际化的要求，让“税制更简单”“纳税更容易”。

比如，涉外税制的流转税制、企业所得税制、个人所得税制、财产行为税制，由“独立”到“统一”的结果，就实现了“税制更简单”“纳税更容易”的目的。比如，1986年国务院曾发布税收征管条例，1992年全国人大颁布《中华人民共和国税收征收管理法》，这是我国第一部税收管理法，也是第一次将外商投资企业税收征收管理纳入统一的法律之中。其中，规定对避税行为的外资企业可以追溯10年。反避税的法律建立健全了，税收征收管理的力度增强了，效果也逐渐显现出来了。

三、展望

“深化财税体制改革”的号角已经吹响，全球化的国际形势越来越不确定，我们面临的是新形势、新任务、新挑战。新形势就是新定位的财税职能作用，已经超越了经济层面而上升到国家治理体系和治理能力层面，这样的新形势感人；新任务就是预算改革、税制改革、财政体制改革。其中，税制改革包括改革间接税、提升所得税、健全地方税，涉及6大税种。目前已“排好兵布好阵”，有序有效地落实，这样的新任务喜人；新挑战就是财税深化改革，需要刚性立法，需要领军人才，这样的新挑战逼人。新挑战也是新机遇，新挑战也是新动力，新机遇也是新条件。我们有理由相信，按照“理论创新每前进一步，理论武装就跟进一步”的信念，按照“以人为本，注重能力”的原则，和心合力、执意努力，我们的目标一定能实现。

第一，建议加强反避税研究。

反避税是永恒的主题。一要研究避税的性质。印度财长已提出“避税”就是“骗税”，这是理念的突破，是否准确，结论在研究之后。二要研究反避税文化。法律是管效果的，道德是管动机的。从反避税文化入手研究，将避税行为置于“法治”与“德治”的笼子里，反避税将会取得既“治标”又“治本”的效果。

第二，建议加强完善“走出去”税收制度。

“走出去”与“请进来”已构成我国经济发展不可或缺的两手，我们应该“两手抓，两手都要硬”。在现行税制的基础上，建议完善的重点：一是消除国际重复征收方法，应该扩大综合抵免制度实施范围；应该选择新技术、不可再生资源等部分产品产业先行先试免税法。二是建立“走出去”税收网上税务局，提供“全天候”的服务；建立“走出去纳税援助服务中心”，提供正常程序无法解决的服务；在国际性税收组织中，有选择地建立“常任代表”机制，增强话语权、规则制定权和预见性。三是为了保证个人所得税制据实扣除规定的实施，应该以立法形式，将银行、教育、医疗、公安、房产等部门掌握的个人所得税源信息集中共享，保证个人所得税环境法治，征收公平。四是加强税收法治：（1）顶层立法，统一步调，避免部门主义，利益樊笼。“顶层立法”，是指税收立法统一由全国人大负责。（2）整体设计，分步推进，避免头痛医头，脚痛医脚。“整体设计”是指建立税收制度储备库，按照经济社会发展不同阶段的需要，提供“适应”的或“引领”的制度性预案服务。（3）统一组织，分工负责，避免各自为政，互相掣肘。“统一组织”，是指以法律形式，规定政府建立税源信息共享平台，强化税收征管机制。“分工负责”是指在“统一组织”中，各相关部门应该找到“我是谁、为了谁、依靠谁”的定位。（4）服从市场，适时调整，避免背离规律，贻误时机。“服从市场”是指税收政策调整，既要遵循市场规律，又要遵循税收规律，做到适时、适度、适用。

税收法治离不开税收道德。应当建立税收道德准则，以制度保障“德治”。税收法治离不开税收民主。应当围绕税收立法、执法、司法制定民主程序，以制度保障民主。

过去、现在、未来，中国国际税收制度已经是顺潮而生、借潮而行、弄潮而上，也一定会越来越科学化、现代化、国际化。

国际税收的竞争与合作

高培勇，1959年1月生，中国社会科学院财经战略研究院院长，中国社会科学院学部委员。

按照我的理解，在今天这个会议上讨论国际税收竞争与合作问题，可以有如下几个方面的观察点：

第一，我们是在新的历史起点上来讨论国际税收竞争与合作问题。

所谓新的历史起点，起码包含有两层意思：

其一，我们今天是纪念1994年税制改革20年，也就是说现行税制已经20岁了，如果再结合改革开放的进程，改革开放条件下的税制已经有36岁。因而，今天所讨论的国际税收竞争与合作，肯定不再是20世纪80年代初期“大刀”“长矛”和“巡航导弹”之间的竞争与合作。还记得在那个时候我们围绕国际税收问题的讨论，最初是专门请外国人讲解，我们只有聆听的份。但是在今天，我们的讨论显然不再是这个层次。

其二，我们今天是根据十八届三中全会所作出的深化税收制度改革部署来讨论的。十八届三中全会所有的立论都是围绕着新的历史起点来说的。其基本的表述是：发展进入新阶段，改革进入攻坚期和深水区。该如何理解这两句话？就发展而言，中国已经是第二大经济体，我们已经是一个经济大国，但还不是现代意义的大国。所以下一步的发展就不是单纯着眼于经济一个线索上的发展，而是包括经济、政治、文化、社会和生态文明诸多方面的协同发展。就是要致力于建设一个现代意义的国家，打造现代意义国家的一般制度形态。也就是讲，发展进入了新阶段。就改革而言，过去36年的改革，我们实际上一直是以经济体制改革为主的，现在到了非经济体制改革和其他方面改革一起联动不可的时候。这样一种改革，或说所有领域一起改，实质是国家治理层面的改革。在国家治理层面怎么改呢？十八届三中全会提出的目标，叫作国家治理的现代化，完整地讲，就是推进国家治理体系和治理能力的现代化。所以，概括起来，就是从发展的角度要打造现代意义的国家，从改革的角度要打造现代国家的治理体系。不管是发展还是改革，实际上剑锋所指，都是国家治理体系和治理能力的现代化。把这样一个目标落到税收上，那就是税制体系和征管能力的现代化。在这样一个层面上讨论国际税收的竞争与合作，无论如何不同于以往的讨论，与以往的讨论不在一个层面上。这是非常值得我们关注的。

第二，我们是在现代税收制度的框架下来讨论国际税收的竞争与合作问题。

以往的讨论，当然也与税制改革连在一起，但那是所谈论的税制改革，强调的往往是性质对接。就是按照市场经济的要求做，市场经济是个什么样子，我们的税收制度相应就是个什么样子。套用1994年的说法，我们着眼打造的是与市场经济体制相适应的税收制度基本框架。所以，那个时候我们讨论国际间的税收竞争与合作问题，经常循着这样一种思维，你是市场经济，我也正在建立市场经济，我们是在市场经济的平台上搞税收竞争与合作。当别人不承认我们是市场经济的时候，我们有委屈感，也很不高兴的。我们认为自己是市场经济，所以我这个税收制度和你那个税收制度之间是可以展开竞争与合作的，是可以在一个平台上说话的。但是，今天讲税制改革的时候，讲的就不是或主要不是性质对接了，而是现代税收文明的对接。我们是从现代的税收文明出发，在现代税收制度的平台上来打造我们的税制体系，来打造我们的税收征管能力。所以，从市场经济下的体制对接转向现代税收文明对接，在新的平台上来讨论国际的税收竞争与合作问题，我觉得这个变化是非常大的。这是一个阶段性的根本变化。

值得特别关注的问题是，我们现在到了有资格谈论现代税收文明的时候，有条件在现代税收文明的前沿地带来讨论国与国之间的税收竞争与合作问题的时候。换言之，现在我们到了要与他国同台竞技，以同样的标准在现代税收制度的舞台上展开竞争与合作的新阶段。

第三，我们应当把国际税收竞争与合作的着力点放在构建现代税收制度上来。

以我们的现行税制体系和我们目前的税收征管能力而言，我们必须说，迄今为止，我们的税制体系还不是现代意义上的税制体系。我们的税收征管能力还不是现代意义上的税收征管能力。远的不讲，仅讲大的格局。就税制而言，我们经常这样归结，70%左右是流转税，90%左右是企业来源税。这就告诉我们，我们在几个方面是欠缺的，在税制层面，首先直接税是欠缺的，特别是对个人征收的直接税是欠缺的，其次自然人税是欠缺的。一谈论到直接税，一谈论到自然人税，不能不说是我们现代税制体系的软肋。在征管层面，我们的基本特征是主征间接税，而且主征的是流量税，所以，“间接加截流”是我们征管能力方面的两大突出特征。我们在哪些方面欠缺呢？就是直接税和存量税。一谈到直接税，那就是软肋。一谈到存量税也是软肋。甚至于这两个方面，我们在税收征管改革规划当中都很难见到。比如，税务总局“十二五”税收征管改革规划。在那里面，很难找到对个人征收直接税方面的改革规划。当然，也就找不到对财产存量这样的存量税税种如何进行征管的规划。一旦涉及税收分析，我想各位都有这样的体会，当翻开中国税务年鉴，我们能够找到的是税收收入分税种、分企业类型的情况表。就是说，对于税收收入，你所看到的就是按税种怎么分的，然后按企业类型怎么分的。全国税收所能看到的，是六个企业类型，加一个其他企业。甚至于个人所得税，也是分地区、分企业来源的情况表。把个人所得税也按照企业类型、按地区分解了。所以，在现有的税收分析当中难以找到自然人税和直接税的印记。

在今天，这样的情况显然已经是不合时宜了。现在有一句话叫作经济新常态。什么意思呢？全球范围内都在搞经济的再平衡，主要表现有两个，一个叫制造业回归，像美国这样的国家，制造业回归本土，大家是很清楚的。无疑中国的制造业产品和其他国家制造业产品的竞争是在加剧当中。我们现在产品价格当中是包含了流转税的，当然任何国家都是如此。但是，在现行税制体系下，我们的产品价格中所包含的流转税份额大，份额大就说明我们的流转税和其他国家流转税的税差大，税差大直接导致价格的差异大。举个例子，有个朋友出国探亲，他花了15000块钱给孩子把5岁到16岁的衣服都买来了。为什么呢？自然是国外的衣服便宜。他算的这个账就是税差。由税差导致的价差，为什么便宜？因为融入这个产品价格的含量是不一样的。当你的税收体系中流转税占比是70%时，你征100块钱税，70块钱融入价格，如果国外税制体系中流转税占比是40%的话，他征100块钱税只有40块钱融入价格，这就是我们面对的现实。这会对我们的产品竞争力产生问题。

还可以看企业的竞争力，在现行税制体系下，我们的企业税负约等于宏观税负。因为90%左右的税收都压在企业身上，所以这样一来，你跟国外竞争也有问题。

另外，全球再平衡所带来的一个问题是贸易保护主义在加强。在贸易保护主义的条件下，它就对很多涉税方面的事情非常在意，比如我们的出口退税，虽然我们出口退税退的都是增值税和消费税，国外也是如此。但是我们不要忘了，我们的增值税和消费税加总求和占税收总额的比例高，所以你退税的时候退的额度相对就大，他退的额度相对就小。这两者之间所形成的价差，人家就指责我们搞贸易倾销。其实我们没那样做，我们只是一般的出口退税，只不过这种出口退税在一定程度上演化成出口补贴了。这是一个问题，是贸易摩擦不断的原因之一。

另外就国内而言，我们在进行结构调整。而且新一届领导集体提出的一个重要理政思路就是保持定力，给市场留有足够的、充分的空间，让市场在资源配置当中发挥决定性作用。这不是一句空话。市场引导资源配置，实际上是价格信号引导资源配置。价格信号是不能失真的。如果我们大量的税收都要融入价格，通过价格渠道再转嫁出去的话，那么，税收和价格之间的关联度相对于其他国家就高出许多。所以，有的时候价格的变动不是市场供求关系的变动所引致的，而是税收本身的变动所引致的。这是有问题的。

再有，现在又是经济增速换挡期。经济增速换挡自然对税收收入有很大的影响，税收收入几乎和经济增速之间是逆向变化的。当经济增速快的时候，税收增长速度是加快的，当经济增速下滑的时候，税收下滑的幅度比经济下滑的幅度还要大。类似这样的事情，我们要把它引入到我们的改革视野。我们已经进入到通过构建现代税收制度来提高国际税收竞争与合作质量和水平的阶段。

通过上述三点，我有这样的一个结论，在建设自然人税、建设直接税方面，我们需要和国际上展开比较充分的竞争与合作，我们需要在提高对自然人税、直接税征管能力方面寻求和国外的合作。

具体说来，三个转变是必须有的，从征收间接税逐步扩展到征收间接税和直接税并重；从征收法人税逐步扩展到征收法人税和征收自然人税并重，从征收流量税逐步扩展到征收流量税和存量税并重。这三个方面的转变，实际上就是推进税制体系和税收征管能力现代化。对此，我们恐怕没有多少犹疑和纠结的余地和空间。

现代型增值税

——一种统一、科学、合理、简化的商品课税制度

韩绍初，1931年8月生，财政部税政司原司长，中国国际税收研究会原副会长兼秘书长

2008年，我撰写了《对中国增值税应进行第三次改革的一些看法》一文，认为我国应当实行现代型增值税。基于现代型增值税既是一种新税，专业性又强，难以被人理解。自那时起，我就为自己立了个课题，这就是要把什么是现代型增值税向大众解释清楚。这样才有利于领导决策，才能得到大家的重视和支持。这几年我系统地回顾了市场经济国家以增值税改造间接税的全过程，分

析了每项改革所采取的具体措施及其成功之处，使我自己觉得对现代增值税有了一些新的认识。现将这些整理出来，与大家共同研讨，希望对推动我国当前的增值税改革有所裨益。

一、对现代增值税的新析

60年来，市场经济国家改造间接税取得了巨大成功，它把间接税改造成了一个崭新的税种——一个统一、科学、合理、简化的商品课税制度。整个改造过程完成了税制建设两大工程：

一项工程是把分别就货物和劳务销售额向企业课征的货物税、营业税，改为按商品增值额对企业课征的增值税。改革的重点：一是把分别就货物、劳务征税制度改为统一就商品增值额的征税制度；二是把企业按销售额课税，改为按商品增值额课税，以消除对企业课税制度中的重复征税因素。

后一项工程则是税制的更深层次的改革，它是进一步把对企业课征的增值税，改为由企业在销售商品时向商品购买者课征的商品税。这项改革使税制发生了两项根本性的变化：一是从根本上改变了企业课税制度。由对企业既征商品销售税，又征企业所得税，这种“两大税种同征体制”，改为对企业只征企业所得税，另对商品购买者征商品税，形成了新的“两大税种分征体制”。从而优化了税制结构。二是由于把对企业征税改为对商品征税，进而连商品增值部分也不向企业征税了。这样就彻底排除了商品课税制度对企业产生的重复征税因素，使商品税成了既为普通征税，道道征税而又不重复征税的科学合理的新税种。

整个对间接税的改造是一个税收制度上的“破旧创新”的过

程。它从以下十个方面对间接税进行了彻底的改造，每一项改革都有切实的措施，并且取得了成功。

第一，创立了一种崭新的征税模式，这就是将传统的由税务机关直接向纳税人征税的模式改为国家将企业法定为商品税的代征单位、由企业间接向纳税人征税的新模式。这项改革的重大意义就在于它把政府征税职能延伸到了企业，进而把商品税的征税范围拓展到了商品经济的全领域和商品生产的全过程，使所有第一、第二、第三产业，所有的企业，每一种商品，每一件商品都纳入了商品税的纳税范围，从而为创建与商品经济联系最密切，直接对商品课税的新税种，创造了条件。

第二，重新确立了新的课税对象。既把对企业按货物、劳务分征的货物税、营业税改为按商品增值额征收的增值税，再进而把对企业征收的增值税改为对商品购买者课征的商品税。这就是说它已把对企业课征的税，改成了对商品课征的税，把对商品经营者征税改成了对商品购买者征税。并最终把税负定位由消费者负担。这项改革的重大意义就在于它把旧税改成了一种新税，而且使新税的征税目标与社会生产总目标完全相一致。这就是收税要符合“发展生产、调节消费”的目标。它使新税不仅能发挥税收的促进生产的功能，而且使新税能够充分发挥税收调节再分配的功能。

第三，把间接税以企业行为转嫁税负，改为以政府行为对商品依法征税。从而使政府征税行为重新回到了依法治税的轨道。此项改革最成功之处就在于它彻底消除了原间接税因转嫁税负所产生的严重损害市场经济的诸多不良效应。如干预企业准确核算经营成本，干预价格准确地反映市场供求关系，干预商品核算制度使其失去核算的准确性和真实性，以及由于税收的单位税收含量不稳定，损害了自由竞争和公平交换等。而新的商品税改为不进企业成本，不放在商品价格之内，不层层重复征税影响商品核算制度，而且所征税收始终与价格保持稳定的比例关系。这就使税收为市场经济的正常运行，奠定了公平税赋的基础，有利于创建社会主义市场经济的新秩序。

第四，找到了统一课征商品税的共同课征依据。这就是不分货物和劳动，统一按商品的价值量课税。这一创举把原来分别就货物和劳务征货物税、营业税，改成了就商品统一征收商品税。改革的成功之处就在于“化不同为相同”，把千差万别的货物与劳务，简化成按商品的共同衡量尺度——商品的价值征税。从而创建了统一的、简化的商品税制。

第五，它创立了一种按统一标准的税率，通过商品价值量发挥税收调节作用的新调节方式。这种调节方式：（1）既改变了原间接税分货物、分行业定税率所形成的复杂的税率架构，也改变了原增值税以标准税率再加若干低税率的多税率结构，使税制更为简单；（2）这项改革的科学性还在于单一税率不但没有降低税收的调节功能，而且为税收开辟了一条新的调节途径。它不但可以对不同的商品进行有效的调节，而且可以对价值量不同的同一种商品进行有效的调节；（3）由于实行单一税率，为新的商品税这种征、扣、缴环环相扣的税制的顺利运行，创造了必要的条件。

第六，按照间接征税制和彻底消除重复征税的两项要求，重新创立了企业代征、代扣、代缴商品税的新办法。这就是把传统的由税务机关单独的征税办法，改为由企业道道向购买者征税，由企业道道抵缴企业购买商品时已缴的商品税收，再由企业道道向税务机关代缴其应缴给国家的那部分商品税收。

现代增值税对企业征缴商品税采取了两项创新措施来彻底排除对企业的重复征税因素。一是以法律确定企业购买商品所缴纳的商品税，只要用之于企业生产经营则有完全的抵扣权，允许企业从所收税款中进行抵扣；这种抵扣是国家避免企业产生重复征税因素的一项必要措施；二是把对企业征增值税，改为企业按增值税代缴税。这又是国家避免企业产生重复征税因素的又一项必要措施。这两项创新举措使现代型增值税完全彻底地排除了重复征税因素。而彻底排除重复征税是改造间接税的主要目标，它既不是减免税，也不会减少国家应当征收的税收，而在一般情况下，也不会发生国库退库问题。但对企业来说，却能实实在在地减轻税收负担，增加经济效益。因此，征税办法的这两大创新，既可以为各行各业的发展开通“绿色通道”，又可以为商品经济的产业调整和商品的更新换代，创建一个有利的税收环境。

第七，重新确立了新税的纳税人。这就是把原来以企业为纳税人，改为以商品购买者为纳税人。即凡是到企业购买商品者都是商品税的纳税人，都必须在购买商品时承担商品税的纳税义务。

购买商品的纳税人包括两类人：一类是买商品用于再生产的企业，这类纳税人属于阶段性纳税人。它只在商品生产经营阶段对所购买用于再生产的商品承担商品税的纳税义务，而当企业制成新商品再销售后，另一个购买者就成了新的纳税人，企业即可从购买者所收取的税款中抵扣已缴纳的税款。这样就可以把阶段性纳税人转为非商品税的纳税人。但是企业要由纳税人转为非纳税人是有条件的，这就是要将商品最终卖到消费者手里，这样才能实现这种转变。如果商品尚在生产过程之中或者企业的商品尚未卖出去，那么企业仍将是阶段性纳税义务人。另一类人则是购买商品用于消费的商品消费者，由于他们把商品消费掉了，既不存在商品增值问题，也不存在商品税收抵扣问题，他们在购买商品时所缴纳的税款就是该商品的最终征税。因此，这类纳税人是商品税的终极纳税人，承担该商品的完全纳税义务。

这就是说商品税的税源来自两个方面：一方面是企业购买的商品所缴纳的阶段性商品税；另一方面则是商品消费者缴纳的商品税。

第八，重新以法律规范了税收减免税项目。根据新税实行间接征税制的要求，必须保证企业征、扣、缴运行机制的连贯性和严密性，做到环环相扣，不留缝隙。因此，新税把税收减免税纳入了法律规定的范围。法律规定的免税有三项：（1）对小企业的免税。这属于照顾性免税，但免税后没有税收抵扣权。（2）对特殊行业的免税。如金融保险业，免税是指免征增值税而另征其他税，并非传统的那种免税。（3）对出口商品的完全免税。这主要是出口产品的征税权在消费国，所以要将所征税款依法退还给企业，这也并非传统的免税。除了以上这些法定的免税项目外，除非另有法律规定，执法机关与企业均不能任意减免税。

第九，重新创建了一种国际平等的国内税征税新制度，这就是进口产品按国内的商品课税制度统一征税，使进口商品与国内商品享受同等税收待遇，既不歧视进口商品，也不冲击国内商品；出口商品按消费国征税原则，国内实行完全退税（即税率为零）从而彻底排除了双重征税。有利于我国商品的出口，这一创新疏通了国际商品流通渠道，有利于国家从扩大内需、扩大外需中，把我国生产“蛋糕”做大、扩大就业和增大企业经济效益。

第十，现代增值税改造了对企业征收的间接税，同时也相应地改造了对企业征收的直接税——企业所得税。由于间接税不进成本，企业所得额就会增大，这既是两大主体税种收入结构的调整，也是财政两大财源结构的调整。它的重大意义是可以把原来“两税同征、两税同源、财源相互交叉”的财税体制，改成为“两税分征、两税分源、财源互不交叉”的财税新体制，这样不仅优化了税收体制，也优化了财政收入体制。

归纳以上十个方面的改革，现代增值税已把原来的间接税，最终改造成了一个在商品经济全范围和商品生产全过程、统一的、科学合理的、简化的商品税制度。这个新的征税制度，如果用最通俗、最简短的语言来表述，它与原间接税只有一字之差，前者是向“卖方”征商品销售税，后者是向“买方”征商品销售税。然而一字之差，改造的过程却用了半个多世纪，至今仍在进行。改造的内涵却发生了质的变化，“不良”税制变成了良性税制。新的商品税不但具有依法治税的税收共性，而且还具有许多新的特性，它既是在商品经济全领域单独课征的征税范围最宽的商品税，又是一种不分货物和劳务以商品价值量为共同征税依据按统一税率征收的商品税，它既是完全排除了干预市场经济运行因素的商品税，又是一种完全排除了对企业重复征税因素的商品税，而且还是有利于商品在全球范围公平纳税的商品税。因此，我认为创立新的商品税，在税收发展史上具有里程碑意义，它标志着商品课税制度又跨入了一个崭新的阶段。

二、推行现代型增值税——商品税，对我国将大有好处

第一，现代增值税把推动生产力的发展作为立税的第一要务。所有改革项目，都是围绕发展商品经济这个中心进行的。它将为我国未来商品经济的发展带来新的生机。

现代增值税推动生产力发展的重大举措是：

1. 商品税由向企业征改为不向企业征；商品税将不进企业成本；商品税的终极负税人是商品消费者，而不是商品生产经营者；这对推动我国各行各业生产经营事业的发展将大有好处。

2. 对企业购买的商品所交的税款实行完全的返还制度，将为所有企业降低成本、提高经济效益、增强活力，创造有利的条件。

3. 将企业缴增值税改为企业按增值额代购买者缴税，这将结束企业增值量越大，征税量越大的局面，鼓励企业从增大增值额来扩大经济效益，它将调动企业最大限度地增大商品的增值额，提高经济效益。

4. 建立公平的进出口纳税制度，国家可以从世界范围合理配置资源，来扩大本国生产规模，增大就业面，扩大企业所得额。

5. 由于对企业彻底排除了重复征税因素，使商品生产无论经过多少道加工，多少企业协作生产，都不会增加企业的负担，这就为我国商品的产业升级、更新换代，以及生产的现代化、专业化、社会分工、高精尖化创立有利的税收环境。当前我国原有的许多优势已经改变，企业生产成本上升，出现了生产发展势头增

速下滑趋势，我认为现在是实行新的商品税最好的时机。

第二，现代增值税不但完善了税制自身，而且有利于上层建筑相关制度的完善。对我国创建新的社会主义市场经济体制将起重要的作用。

1. 由于间接税不进成本，使所有企业将可以准确地核算企业的经营成果，提高经济效益。

2. 由于间接税不再进入商品价格内，使所有的商品价格能够准确地反映自身价值和准确地反映市场供求关系；

3. 由于不重复征税，将提高商品核算制度的准确性和真实性。

4. 税收与价格将形成稳定的关系，不会因层层加税加大消费者的负担和市场物价的波动。

5. 市场竞争机制将不受税负不平的影响，有利于税收发挥公平税负鼓励竞争的作用。

以上各项上层建筑相关制度的完善，无疑将有利于我国社会主义市场经济体制的创建，并为其正常运行增添“润滑剂”。

第三，现代型增值税将为我国运用税收手段调节收入再分配发挥重要的作用。由于商品税的终极纳税人是将商品用于消费的人，同时，由于商品税按价值量征税，因而征商品税将有效地发挥调节消费的作用。

1. 有利于税务部门从刺激消费、扩大生产，来扩大商品税的税源，增加税收收入。

2. 有利于对同等消费水平的人实行公平的税收政策。

3. 有利于税收对不同消费水平的人实行有差别的调节政策，使税收随消费量增大而增大。

4. 传统的税收调节方式以规定不同税率方式来进行调节。现代型增值税改为按商品价值量也就是商品消费价值量进行调节，消费量越大，征税量也越大。如买一块电子表100元，按100元计税，如买一块名表50000元，后者所征的税相当于前者的500倍。其调节作用更为明显。个人认为，我国当前一个突出的问题，是收入水平的差距拉大，出现了消费水平相差悬殊的现象，因此，开征商品税调节商品消费有利于缓和消费水平不均衡的矛盾。

第四，现代增值税将对我国优化财政收入体制和财政收入结构有重要意义。

1. 它将有利于创建征税范围最宽，有稳定财源的新税种——商品税，消除因重复征税而产生的不合理的财政收入因素，更有利于发挥财政促产增收的积极作用。

2. 它将优化财政收入结构，起到间接税“消肿”，直接税“增肥”的作用，改变间接税“一税独大”、直接税比重小的收入结构不合理现象，使我国两大主体税种收入结构更为合理、更为协调。

3. 它将有利于我国厘清和规范税、费渠道。这就是可以将两种附加税费连同间接税一并改造，在不减少税收规模的前提下，以财政分配方式保障地方经济利益不受影响。

第五，现代增值税对我国创建新税制架构有重要意义。

1. 如我国实行现代增值税，将意味着我国税制建设，将由一个增值税改革尚不到位，增值税、营业税并用，税制复杂的国家，一跃而成为实行先进税制——现代增值税的国家。税制将成为促进我国社会主义市场经济正常运行，促进商品经济发展的有效手段。

2. 随商品课税制度的优化，企业所得税制度也相应优化，这两个主体税种占税收总收入的绝大比重，这将为我国创建新税制架构奠定一个好的基础。

3. 将城市维护建设税并入间接税一并改革将有利于规范税制，并为我国基层政府建立完善的房地产税腾出空间。

三、清理认识上的盲点和误区，关系重大

个人认为这些盲点和误区主要有：

1. 认为消除重复征税会减少财政收入。其实不然。现代增值税之所以成功，就集中表现在其彻底排除重复征税这个基点上。就财政而言，它是消除财政不合理收入因素，促进生产、涵养财源的积极举措，是使我国两个主体税种收入结构合理化的重大举措。即使算死账，财政收入略有减少，国家该收的财政收入也一分钱不会减少，它也不会造成财政大量退库。

2. 认为像欧盟那样多搞几个低税率和多保留几个减免税项目，可以减轻企业负担。其实不然。（1）现代增值税不是对企业征税，多设几个低税率，多出台几项优惠措施，企业得不到任何好处，相反企业因收税量减少，扣税量不变反而会额外增大企业负担。（2）现代增值税是一个统一的征退税机制必须完整的税种，而多档税率，多出几个减税项目，其要害就在于它破坏了税制的统一性和征扣税机制的连贯性。甚至连欧盟的增值税专家自己都认为“欧盟增值税的一个重要特点是除了标准税率外仍保留了优惠税率和适用于许多商品或劳务的优惠免税项目。”这种制度是“不可解释的”“复杂的”“需要协调的”，据他们自

己估计，“相互协调和简化欧洲增值税制度道路还很长，将是一个持续改革的过程”。在他们眼里，就税法的科学性而言，新西兰的增值法（只单一税率，统一优惠项目的增值税）是“最完美的”，它已成为“现代增值税的一个典范”。

3. 认为把步子放慢一点，高低区、行业试点会更稳妥。其实不然。现在已不是改革开放初期，那时“不知河水深浅”，不摸着石头过河，也许会遭“灭顶之灾”。现在搞增值税的国家，一半以上搞了现代增值税，技术上已没有过不去的难题，再加上我国已有30多年推行增值税的经验，再搞地区试点、行业试点，弄不好会造成地区分割、行业分割，使增值税失去统一性、合理性，并增加税制的复杂性，结果貌似稳妥并不稳妥。

4. 认为有些行业不纳入增值税范围是对这些行业的照顾。其实不然。某个行业不搞增值税就必然要搞全值税，税就要进成本，如果这个行业生产的商品与其他行业有关，就必然会影响增值税的全面推行。因而，除了非经营商品、情况特殊的、不适宜搞增值税的，如金融保险业，采取免增值税另征其他税外，其他行业一般都应纳入增值税范围，使增值税保持完整性。

5. 认为不动产、建筑业纳入增值税征扣税范围会增加企业负担。其实不然。要搞现代型增值税就必然要求把不动产纳入增值税范围，很显然，在商品成本中大体上不动产的成本约占1/3左右，如果不把不动产纳入增值税征扣税范围，等于“三条腿的凳子”，缺了一条腿，使所有企业的增值税都成了不完整的增值税，再说现代增值税与企业成本无关，将其纳入征扣税范围不会增加企业负担。

以上这些认识上的盲点和误区，根源就在于以旧的理念来办新税，心好，事办不好。若不能排除，将为推行新的现代型增值税产生极大阻力，使税制越搞越复杂，越搞越走样。

四、现代增值税改为商品税为好

当前，国际上对新创建的税种，由于认识不同，在称谓上也不尽一致。

1. 大多数国家仍称其为增值税。这里所谓增值税，有三种截然不同的内涵。一种是部分实施的增值税，如我国的增值税；另一种是欧盟的增值税，即需要协调简化的增值税；还有一种就是目前已在亚美非许多国家实行的，以新西兰为代表的，欧洲税务专家誉为最完美的现代增值税。

2. 国际组织则把包括现代增值税在内的各种类型的商品税和劳务、服务税统称为商品劳务税。它涵盖货物税、营业税、增值税和新建的商品税等。

3. 有些国家就新的商品税终极纳税人是商品消费者，而把它称为消费税。

4. 还有的理论工作者为了区别原来的增值税把它叫现代型增值税。

我个人认为，以上四种称谓都事出有因，但都不够确切。（1）新税已不再是对企业课征的增值税；（2）新税也不再分货物劳务征税，而改统一对商品征税；（3）新税的征税范围既包括用于消费的消费品，又包括用于再生产的所有商品。

根据以上分析，如果我国征收新税，从命名的科学性和确切性上考虑，个人以为，还是直截了当地称其商品税为好。

借力自贸试验区实践
提升国际税收管理水平

龚祖英，1958年5月生，上海市国家税务局副局长（正局级），中国国际税收研究会原副会长。

1994年，我国启动了新中国成立以来规模最大、范围最广、内容深刻的税制改革。经过20年的实践，适应我国社会主义市场经济要求的税收制度得到长足进步，税收筹集收入的功能明显增强，调节经济与社会生活的功能也不断提升。但随着经济全球化和跨国公司的快速发展，税源国际化和税收安排国际化的趋势日益明显，探索建立"全面提高开放型经济水平"新形势下的税收制度和管理方式，对中国税制改革和国际税收管理提出了新的要求和挑战。

上海是我国重要的经济、金融中心和国家港口城市，有比较完备的金融市场体系、金融机构体系和业务体系，有雄厚的制造业基础、技术创新能力和现代航运基础设施网络。2009年，国务院明确要求推进上海加快发展现代服务业和先进制造业，加快建设国际金融中心、国际航运中心和现代国际大都市。2013年9月，国务院又下发了《关于印发中国（上海）自由贸易试验区总体方案的通知》（国发〔2013〕38号，以下简称《总体方案》），在上海建设自由贸易试验区。自贸试验区作为我国扩大开放和深化改革新思路和新途径的试验田，在有效提升国际税收管理水平上也应有所作为。

一、上海国际税收管理实践

2009年3月，上海市完成了财税机构分设，上海国家税务局、地方税务局合署办公。随着“国际处”内设机构和人员的到位，反避税、非居民税收管理和情报交换等工作也不断加强。如反避税工作方面，通过加大反避税调查力度，上海市反避税调整补税金额已连续多年位于全国前列。千万元以上的补税案件已超过20个。非居民企业所得税收入累计完成180.58亿元，较2009年翻了一番。通过加强行业管理、防范利润转移、实施风险监控和强化人才培养，不断推进国际税收管理工作上台阶。

（一）组建专业团队，探索行业计量分析

借鉴美英等发达国家做法，探索建立了“反避税与经济分析

相结合，经济分析助推反避税”的工作模式，成立了经济分析师团队。分析师团队的主要工作职能是对全市范围内的重点行业、大型跨国集团的运作模式和避税筹划规律等开展深入分析，为反避税调查提供分析数据和技术支持。目前，该专业团队已分别对汽车制造、奢侈品和连锁卖场等行业，结合跨国公司价值链管理、获利因素、经济环境与利润趋势等开展了深入调研和分析。对中国汽车行业是否存在区域优势、连锁卖场特许权使用费对利润的贡献程度、奢侈品行业在中国的市场溢价等问题进行了深入研讨，形成了一批理论研究和数据分析成果，促进了汽车等行业反避税调查工作的有效开展。同时，依托经济分析师团队的数据和行业分析力量，上海市抽调全市反避税骨干力量组建了5个专题技术研究组，重点对营销型无形资产、成本分摊等实践工作中反映出来的反避税难点问题开展研究，以数据分析为切入点，构建计量经济学意义上的回归模型，并通过理论实证方式，论证成本分摊中分摊与收益的量化关系，实现反避税难题由点到面的突破。

（二）防范利润转移，应对跨国税源争夺

2007年底，全球金融危机后，发达国家纷纷加大了对跨国集团母公司的税务调查，迫使集团母公司提高在当地的利润水平。这对处于跨国集团地区总部聚集的上海冲击很大，表现在境内企业利润水平和企业在中国市场的发展水平不符，分摊总部费用和支付特许权使用费的金额和比例不断上升。为防范跨境税源流失，防范利润转移，上海税务局积极采取相应措施应对：一是依托征管系统数据，探索建立分行业的利润水平监控指标体系，

监控跨国企业在境内利润水平和对外支付情况，掌握跨境税源流动倾向；二是及时了解发达国家立案调查的知名集团在沪企业情况，如苹果、谷歌、星巴克等，加入全球打击逃避税行动；三是充分利用国际税收征管协作平台，弥补现有国内税收征管手段不足，构建跨境式国内国际税收征管体系，打击和震慑恶意避税筹划行为，确保在国际经济往来日趋频繁的背景下，维护好本市的跨境税源，维护好我国的税收权益。

（三）完善风险监控，推进非贸付汇便利化

上海自贸实验区作为我国进一步融入经济全球化的重要载体，目标是要率先建立符合国际化和法制化要求的跨境投资和贸易规则体系，提升中国经济与世界经济的抗衡能力。上海税务局以非贸付汇便利化为切入点，努力探索实行非贸付汇出证业务专业化管理。一方面，遵循“先备后核”原则，针对不同的对外支付类型，采用不同的管理办法，积极推进网上备案事项；另一方面，针对区内跨国企业日常经营所涉非贸合同数量多、金额大、种类复杂的问题，开通企业非贸直通车，提供量体裁衣式服务。在征管系统中嵌入风险提示告知书和税款自动计算生成器，采取系统“亮灯提示管理”等方法，既便利办税，又风险可控。对纳税记录好的企业和一般企业实施分类管理，摸索建立非居民国际税收“白名单”制度，探索形成适合上海自贸区特点的跨境税源专业化管理新路子。

（四）突出“三梯次培训”，加强国际税收人才培养

国际税收工作需要一批忠诚于国家税收事业，具有国际先

进税收管理水平和优秀素质的高层次专业化人才。在国际税收人才培养过程中，上海税务局突出“三梯次培训”：一是依托反避税培训基地，开展国际税收管理和反避税理论等基础培训，主要面向新从事国际税收管理工作的人员，定向开展国际税收理论、原理等基础知识培训。二是通过以会代训形式，进行实际案例的交流和研讨，从案例操作角度提升技能水平。考虑到案件的保密性，主要培训对象为各分局实际从事反避税案件调查管理的专职人员和所得税岗位科级以上干部。三是开展提高型高端专业培训。结合本市案件情况和发展趋势，邀请国际行业专家、高校学者等就反避税前沿理论、专业技术和发展实践开展专题培训，拓展专业知识和专业工作的深度和广度。

纵观20年的发展历程，中国税收的国际化因素在不断增加，国际税收管理也不断提升，但当前面临的挑战和工作中的差距也很大，如从国际看，税基侵蚀利润转移的挑战、国家间税源争夺、境外投资税制不完善等，从国内看，税收法定原则在国际税收方面的落实问题、国际税收管理体系在基层的工作机制建设问题和国际税收专业人才匮乏等。国际税收管理工作须在遵循需求导向和问题导向的前提下努力改革完善。

二、上海自贸试验区——以开放促改革的新平台

根据国务院印发的《总体方案》，中国（上海）自由贸易试验区范围覆盖外高桥保税区、外高桥保税物流园区、洋山保税港区和上海浦东机场综合保税区等四个原已具有某些类似自由贸易区特征的海关特殊监管区域。习近平总书记指出上海自贸区是块

大试验田，要播下良种，精心耕作，期待有好收成，并要求切实把制度创新作为核心任务。自由贸易试验区经济税源以进口贸易为主，各功能区域又形成各自发展特点。围绕扩大服务业开放，推进金融领域创新，建设具有国际水准的投资贸易便利、监管高效便捷、法制环境规范的自由贸易试验区，使之成为以开放促改革的“试验田”。

（一）借力自贸试验区制度创新，促税制改革和政策完善

国务院对上海自贸试验区的要求是，经过两至三年的改革试验，加快转变政府职能，积极推进服务业扩大开放和外商投资管理体制改革，大力发展总部经济和新型贸易业态，加快探索资本项目可兑换和金融服务业全面开放，探索建立货物状态分类监管模式，努力形成促进投资和创新的政策支持体系，着力培育国际化和法治化的营商环境，为我国扩大开放和深化改革探索新思路和新途径，更好地为全国服务。

借助制度创新，有利于投资贸易便利、金融服务、航运服务、商贸服务、专业服务、文化服务和社会服务开放和政府监管的措施已经在自贸区这块试验田里实践。同样，上海税务局也有理由借力于自贸试验区，促进新一轮税制改革和政策完善。就自贸试验区的税收政策而言，《总体方案》明确了6项促进投资和贸易的税收政策，涉及税务部门的主要是4项（另2项为关税政策），已分步落实。对于“在符合税制改革方向和国际惯例，以及不导致利润转移和税基侵蚀的前提下，研究完善适应境外股权投资和离岸业务发展的税收政策”，上海税务局与市财政局也在共同研究，反复评估论证基础上，提出了有关具体建议。

（二）借力自贸试验区管理创新，促税收管理服务优化

自贸试验区的管理创新，使外向型企业的进口业务和海外投资业务更加便利和宽松。建立投资准入前国民待遇和负面清单管理模式，将逐步形成与国际接轨的外商投资管理制度。借助服务业开放，有利于港口经济、总部经济、专业服务和新业态的产业向高端发展。我国已成为世界第二大经济体，经济对外依存度位居世界前列。经济全球化必然带来税源国际化，也进一步带来了国与国之间的税源竞争，而且税源竞争随着经济全球化的深入发展而日益激烈，如果不采取相应措施，我国在税收管辖权的界定和跨境税源竞争中会处于不利地位，导致本属我国的税源流失到境外，给国家税收权益带来损失，甚至影响国家的经济安全。从这一点上说，强化国际税收管理工作，不仅体现在税收收入上，具有经济意义；而且事关国家税收主权，具有重大政治意义。

为更好地服务于自贸区建设，2014年1月，自贸区税务分局成立。到2014年7月底， 自贸区已累计新设企业1万多家，其中，外资企业1400多家，来自60多个国家和地区。自贸区税务部门抓住自贸区建设“便利化”这一核心理念，密切跟踪新业态发展、推行审批制度改革、拓展纳税服务渠道、探索信息化管理和风险控管措施，着力研究如何为自贸区投资、贸易、金融领域的开放做好服务工作。同时，按照国家税务总局2014年年6月下发的关于支持中国上海自贸试验区创新税收服务的通知要求，围绕“办税一网通”10项措施着力探索管理服务新举措，深受纳税人好评。

三、国际税收管理工作展望

（一）国际税收管理需体现法定原则

党的十八届三中全会从提高国家治理体系和治理能力现代化水平的高度部署税制改革，指出“科学的财税体制是优化资源配置、维护市场统一、促进社会公平、实现国家长治久安的制度保障。”同时明确提出税制改革的原则是落实税收法定。推进和完善国际税收管理是建立科学的财税体制的重要组成部分，其发展过程也必须落实税收法定原则。

在国际税收管理过程中贯彻法定原则，既包括在国内税制改革过程中拓宽国际视野，提高税制的国际竞争力，又包括在国际税收管理中建立国际经济合作的竞争优势，维护国家税收权益。这两方面的发展应相互融合、相互促进，协调共同发展。

从国内税制改革的视角，落实税收法定原则是促进我国对内对外投资环境改善的重要内容。在新一轮税制改革过程中，围绕基本实现税收现代化目标，加快税收立法进程，逐步提升税收法律级次，借鉴国际经验，优化税制结构。调整国内外概念，立足于居民企业，修订《税收征收管理法》《个人所得税法》，完善国内税收法律体系。

从国际税收管理的视角，随着全球经济一体化发展，中国经济崛起，并不断加深与世界经济的融合，特别是我国加入了当前全球影响最广泛的多边税收合作机制，即2013年8月，税务总局王军局长代表中国政府在法国巴黎签署了《多边税收征管互助公约》，向世界展现了中国积极参与打击全球逃避税，维护公平税收秩序和负责任的大国形象，中国应当以更加积极的态度主动参与全球国际税收规则制定和工作合作，既要遵守国际规则和惯例，又要善于利用国际规则和惯例，拓展国际税收交流与合作的广度和深度，服务于国家利益。

（二）建立“走出去”企业税收和征管基本制度

适应经济全球化，构建开放型经济新体制的形势，对内对外开放需要相互促进，使“引进来”和“走出去”更好结合，以开放促改革。与现行税制一样，现行税收征管法和行政规章所规范的主要业务是境内涉税业务，基本未涉及中国居民跨国经营，虽然有些缺陷通过税收实体法，如企业所得税法中的程序性规定得以弥补，但难以达到基本制度层面的规范。在服务 “走出去”企业过程中，要抓住中国已加入《多边税收征管互助公约》契机，发挥国际税收在全球经济治理和营造良好环境方面的作用，完善跨国经营税制和征管基本制度，为“走出去”企业的发展壮大提供强有力的税收法律支持和保障。初步考虑有以下六个方面：

第一，完善企业所得税、个人所得税、增值税、出口退税相关制度和政策。

第二，建立“走出去”企业专项税务登记制度。改革变更登记规定，建立日常税务登记制。同时推进各地与工商、商务部门信息共享、并联审批后实施专项登记的自动赋码。全面掌握我国居民企业及个人境外投资经营、境外取得所得和纳税等情况，建立日常管理与服务的税收基础。

第三，建立健全“走出去”企业境外所得专项申报和延期申报制度。考虑到各国纳税年度不同，制定有别于境内所得的申报内容、方式、主附表、注册会计师审计年表及查账报告等。可以借鉴美国等境外投资较多的国家对本国企业境外投资信息申报的相关规定，强化基础信息管理，提升跨境税源管理能力。

第四，完善境外投资反避税制度。

第五，完善企业境外账簿、凭证管理制度。

第六，研究建立境外税务检查制度。

（三）顺应新业态，培育跨境投资新税源

目前，“新技术、新模式、新业态、新产业”和数字经济极大地推进着世界经济的转型升级。习总书记要求，牢牢把握科技进步大方向，围绕产业链部署创新链，把科技创新真正落到产业发展上。国际税收既要应对现有税源的税基侵蚀和利润转移，解决国家间税源争夺和跨国公司利用各国税制差异，通过关联方转让定价、全球费用分摊、特许权费支付等方法逃避税，侵蚀中国的税源；也应在开放型经济条件下，顺应新业态发展，培育跨境投资新税源。税基是税收之本，只有大税基才有高税收。为促进产业链向高端延升和“四新”发展，可结合当前优惠政策清理，调整优惠政策结构，在现行科技创新政策的基础上，立足于现代服务业发展和全球视角，从科技投入、研究开发、成果转化和股权激励等方面梳理完善。给予新产业宽松的环境，提供适当的鼓励政策支持发展。在数字经济、互联网金融与“四新”业态的定位中，通过对国际知识产权中介的吸引、扩大研发费用加计扣除范围和费用归集口径（如专家差旅费、知识产权申请费等）等促进新业态发展，培育跨境税源。

（四）创新理念，探索基层跨境税源管理新途径

近年来，国家税务总局按照统筹国内、国际两个大局的要求，提出了统筹国内税收和国际税收管理，建立了国际税收管理体系。随着税收国际化的发展，基层跨国税源管理任务也日趋繁重。在基层建设中，为使“一条主线、两个导向、四项机制、三个保障”的国际税收管理体系在基层跨境税源管理中有效运行，结合全国县级税务机关纳税服务规范，需进一步创新管理服务理念，规范管理、服务方式。一是管理创新，突出政策执行和绩效考评，强化执法统一和风险控制。二是服务创新，注重政策分析和分类税法遵从，强调需求导向和高效服务，建立“纳税服务—政策分析—税法遵从—需求服务”的闭环服务机制。基层税务管理、服务机制相互融合、相互影响，寓管理于服务之中，并致力于优化基层资源配置，提升税收执法服务水平。

（五）加强国际税收管理专业人才建设

在中国经济国际化进程日益加快和跨境税源争夺日益激烈的背景下，一支高素质、有干劲、有能力的国际税收人才队伍是做好国际税收工作的重要保障和核心抓手。国家税务总局十分重视人才培养，在国家税务总局领军人才机制的引领下，要加强国际税收专业人才的培养和使用。努力培养一批国际税收管理领军人才，并初步建立起“四个层次的国际税收人才梯队”。

完成有限目标，向现代税收制度迈进

——对下一步“营改增”的建议

倪红日，1951年11月生，中国发展出版社原副社长，国务院发展研究中心研究员，中国国际税收研究会学术研究委员会副主任。

党的十八届三中全会通过的《中共中央关于全面深化改革若干重大问题的决定》中指出：“财政是国家治理的基础和重要支柱，科学的财税体制是优化资源配置、维护市场统一、促进社会公平、实现国家长治久安的制度保障。必须完善立法、明确事权、改革税制、稳定税负、透明预算、提高效率，建立现代财政制度，发挥中央和地方两个积极性。”目前，新一轮的财税改革正在推进过程中，能否取得改革的预期成效，改革方向、进程“度”的恰当把握至关重要。

一、对现代税收制度的认识

现代财政制度包括了现代税收制度。什么是现代税收制度?可以有两种理解：一是继续解决与社会主义市场经济体制不相适应的税收制度，将国际经验与中国国情相结合，推进并建立适应社会主义市场经济体制改革进程的税收制度。二是从国际上通行做法角度理解的现代税收制度，或者直接简单地理解为当代发达经济体国家的税收制度。显然，两种理解需要结合考虑。但是现代税收制度绝不是第二种理解。

现代税收制度是借鉴市场经济国家在当代的国际通行做法，结合中国转轨经济的特点，缩小我国与国际通行和先进做法的制度差距，同时要探索适应中国社会主义市场经济体制的税收制度。当代世界各国的税制既有共性的、趋势性发展的一面，也有各国特色的差异性税制模式。各国税制的改革和完善都经历了较长的历史阶段，才形成了当代的各国税制。

我国现行税制与国际通行做法的现代税制还是有差距的，差距主要表现在:

（一）税收的法定原则不完善

税收真正实现法治化，纳税人依法纳税，征税人依法征税，这是现代税收制度的根本特征。而要做到征纳双方的依法，税收制度的完善立法是基础。在这些方面，我国与国际水平确实存在差距，需要经过较长时期的努力，完成税收制度法制化。

（二）对直接税的征管能力较弱

由计划经济转变为社会主义市场经济后，我国政府财政以税收形式为主来筹集收入不过是近30多年的事，税务机构基本上比较适应征收间接税，对自然人征收直接税对于我国税务机关来讲，可能具有很大的挑战性。但是，随着市场化改革的深入，财富和税源更多地集中在自然人手中，按照国际规律，直接税在全部税收中的比重将随着经济规模的扩大逐步会提高，我国近年来税制结构的客观变化也呈现出这样的趋势。这就要求税务机关不仅善于征收间接税，而且要能够征收好直接税。在这方面，我国的税收征管模式要适应这样的发展趋势变化。

（三）一些税种的税制要素不符合市场经济要求

比较典型的例子是目前实行的房产税和城镇土地使用税，这两个税种的计税依据与实行了房地产市场化进程脱离较远，税制陈旧，而且不公平。既无法发挥税收为财政，尤其是地方财政筹集资金的作用，也无法发挥房地产税调节收入和财富差距的作用，以及对房地产市场的宏观调控作用。

我国目前的个人所得税制也处于比较简陋的状态，对于高收入者的调节力度不够，个人所得税的税制设计和征管无法适应市场经济快速发展。

总之，现代税收制度的建立需要一个历史过程，是通过完成一个一个有限目标，一次又一次的改革，累计实现向税收制度的现代化迈进。这轮的改革也是一次重要的有限目标的改革，而不是迈进现代税制的最后一步。

二、我国税制改革20年的经验与体会

我国自改革开放以来，税收制度的改革大体可以分为两类模式：一是集中式、突破式大改革，1983—1984年“税利分流、利改税”改革和1993—1994年的“分税制”改革都属于集中式、突破性改革。二是分散性、渐进性改革，1994年以后的20年税制改革基本上属于第二类模式。

两类模式各有其改革的背景和需要。前两次集中式、突破式改革是在中央确立了实行社会主义商品经济和社会主义市场经济体制之后，为了适应经济体制变革的需要，税收制度必须进行集中突破性的改革，彻底脱离计划经济体制下的税收制度模式，建立适应市场经济的税收制度框架。正是这两次集中突破性的改革，初步建立起了适应社会主义市场经济的税收制度框架。

1994年以来的20年税制改革是以进一步建立和完善社会主义市场经济的税收制度为目标，实行了分散性、渐进性的改革，税制改革逐步完成了多个税种的内外资双轨税制的合并和统一，与此同时进一步完善了一些税制（详见附录文章：《1994年以来20年税收制度改革的进程与经验》）。比如企业所得税的统一和完善，反复酝酿、研究讨论了近10年多，因此改革步伐稳健，改革方案相对比较成熟，改革效应很好。

但是，20年来税制改革也有缺陷之处，一些税种的改革相对滞后，比如一些地方税种，地方税的完善和改革总体滞后；一些难度较大的改革推进迟缓，比如增值税的进一步改革和完善。税

收优惠政策泛滥，税制的法定化进程太慢等。

总结改革开放以来，尤其是近20年税制改革的经验和体会，在经济新常态环境下，既不能简单地使用集中式、突破性地税制改革方式，也不能继续延迟税制中难点的改革，需要继承几次税制改革的经验，综合考量和把握新一轮税制改革进程的“度”，积极而有序地统筹协调财税体制改革的各个任务，争取协调推进。

三、本轮税收制度改革的特点

从十八届三中全会中对财税改革提出的任务来看，绝大多数具有明显的问题取向、有限目标改革的特点。比如，清理税收优惠政策，这是对过去多年采取和累积的不科学和不恰当做法进行纠正，而更加高目标的要求是建立“税式支出”的管理制度，但在改革任务中并没有确定更高的目标，显然改革内容是问题导向、有限目标的。再比如，在税种改革的范围上，明确了对增值税、消费税、个人所得税、房地产税、资源税和环境保护税六大税种的改革和完善，而其他一些税种的改革和完善基本没有涉及。这也反映了税制改革具有问题导向和有限目标的特点。

但是，“营改增”却要另当别论。目前正在推进的“营改增”是税收制度改革的重头戏。与上述一些税制改革比较，“营改增”既是问题导向性改革，又是建立现代增值税高目标的改革，因为从改革任务的安排上是力争在2015年底前，将所有的实行营业税的行业全部改为征收增值税，废止营业税，建立现代增值税制度，可以说是准备一步到位的改革。正因为如此，这一改革的难度和风险相当大。

第一，实行“营改增”税率设计存在很大难度。目前，已经实行了“营改增”的行业没有能够实行统一税率，这与建立基本统一税率的现代增值税制度的要求是背离的，在以后的改革中需要解决和完善。建立基本统一的增值税税率是市场机制发挥对资源配置的决定性作用的要求，下一步的改革不能从企业税负考虑税率设计，而应该从公平的税制角度来考虑和设计税制。

第二，全面“营改增”对税收征管体制是巨大的挑战。营业税是由地税局征收，改为增值税后，征收机构也随之改为国税局征收，国税局的征管任务量激增。许多地方的国税局正在酝酿改革原有的征管方式。另外据报道，有的省市的地税局为了方便“营改增”纳税人，实行了地税局委托国税局在征收增值税的同时，代征个人所得税、城建税、印花税、资源税、教育费附加、地方教育附加的“四税两费”。（《国地税协作方便“营改增”纳税人》，《中国税务报》（2014年7月30日A3版），这些做法可能会进一步引起税收征管机构的变革。目前，“营改增”只涉及了营业税30%左右的纳税人，建筑安装业、生活服务业、金融业、房地产业等行业还没有实行改革，所以税收征管真正的难题还在后面。

第三，金融行业实行增值税制度是个国际性难题。根据研究，在国际上金融业实行增值税制度是一个尚待解决的难题。我国的金融行业目前实行的营业税制度，由于利率的市场化改革正在推进过程中，我国银行的存款和贷款之间的利差比国际市场上的利差大，实行营业税制度，可以将金融机构由于利差大而获得的毛收益在缴纳所得税之前，就在政府和金融机构之间进行了一次分配，这种营业税制度有其存在的合理性。如果改为征收增值税，由于存贷款业务的增值税进项税难以计算，因此，国际上很多国家对这项业务没有实质性的征收增值税，而大多采取零税率和免税做法。在我国利率没有完全实现市场化的前提下，对于金融机构大量的存贷款业务既不能征收增值税，又不征收营业税，只通过公司所得税进行分配，可能不妥。

第四，“营改增”使中央和地方政府之间的分税制面临重构。营业税占据地方税收的半壁江山，“营改增”后，中央和地方的分税体制面临重大的调整，这种调整也会反过来促使税制体系发生再次的变革。比如，目前已经讨论的消费税改革、房地产税改革，这些税种的改革既与税制调整有关，又与中央和地方分税制调整有密切关系。

这里有两种看法需要讨论：有一种看法认为，可以在“营改增”后，通过调整共享税比重，提高地方财政的分享比例来替代营业税的地方收入（黄洪等.“营改增”的收入效应与中央地方财权划分.税务研究，2014（8）：23）。个人认为，共享税对于地方财政的可持续性增长作用十分有限。根据笔者的初步研究发现，2013年与2008年相比，中央与地方的三大共享税种（增值税、企业所得税和个人所得税）占地方本级税收比重下降了7.52个百分点。实证说明，地方财政的可持续增长的最佳税源是地方税种而非共享税。

另一种看法是，消费税替代营业税问题。2013年地方营业税收入17000多亿元，国内消费税8000多亿元，后者不到前者的一半。选择性消费税制度的设计与增值税的中性原则相配套，如果改变选择性消费税的原则和功能，需要对我国税制进行重新的系统性考虑。

总之，税制改革与中央、地方分税关系调整两者关联性极强，必须进行系统的战略性策划和安排，在没有把握形成系统性方案时，宁可分步实施“营改增”改革。

四、若干建议

（一）把握好税制改革的推进“度”

财税体制改革既是经济体制改革的重要组成部分，同时也离不开经济体制改革的其他领域的协同推进。财政预算管理制度改革、税收制度改革和中央、地方之间的分税体制改革三者之间也需要协同推进。一个领域的改革“孤军突进”是十分困难的，而且可能导致整个系统的紊乱。

一些地方税务干部认为，目前“营改增”已经形成了“孤军突进”之势。税收征管改革和地方税制改革相对滞后，造成地方政府和税务机构的被动局面。在这样的情况下，可能会进一步出现两种情境：一是消极等待，敷衍了事，得过且过，不免出现名不副实的作为；二是可能出现被动性创新作为，例如前面提到的地税局委托国税局征收地方税，这种做法出发点是好的，但是结果可能将使现行体制发生扭曲，对实践中出现的新情况需要加强研究，及时地进行判断和调整。

为了保证财税改革的顺利推进和避免走弯路，需要把握好改革的方向和推进“度”，注意预算制度改革、税制改革和中央、地方关系调整三部分改革的协调和统筹。

税制改革和中央、地方关系调整的关键点是“营改增”的范围和进度。另外，税制改革中税收征管对税收制度调整有重要的牵制作用，因此，在变动税制时，必须对征管问题作出配套的改革安排，如果征管改革不能落实，宁可放慢一些税制调整的节奏和进度。

（二）建议“营改增”实行有限目标：增值税与营业税并存

在“十二五”期间，将部分行业的营业税改为增值税，继续保留营业税，在我国维持增值税和营业税并存格局。根据“营改增”规模状况，适度将中央税下放给地方，或者小幅调整中央与地方共享税分享比例。后一种思路意见大多来自税务机构有实际经验的领导同志，这种意见值得重视。

将部分行业的营业税改为增值税，依然保留营业税税种。我们假定30%的营业税收入改为增值税，地方财政收入只会减少3500多亿元，将车辆购置税划归地方税，就弥补了地方税收入减少的60%多。这样中央和地方财政分税制调整的难度会大大降低。目前实行的流转税相关税制的基本格局可以先不做调整。

主要理由有五点：一是两轮“营改增”已基本解决不利于现代服务业发展的重复征税问题，除了金融业外（该行业税制有特殊性，需要专门研究和处理）继续扩大“营改增”的必要性不大。二是其余一些行业的税收征管难度很大，营业税改为增值税的成本和必要性值得慎重考虑。比如，建筑安装行业层层转包、管理无序，至今仍然是地税部门强化征管的重点行业，如果改征增值税，其征管难度几乎难以想象。娱乐业、餐饮、旅店等服务业的小微企业数量巨大、财务管理水平低下，如果对近95%的小型业户都采用与营业税完全相同的定率简易征收办法，本质上与营业税是一样的，因此，对这类行业实行“营改增”的意义不是很大。转让无形资产和销售不动产具有特殊性，在目前制造业增值税的进项抵扣中还没有完全包括固定资产的情况下，如果对这两个经营行业改征增值税，也有失公平。三是两轮“营改增”对地方财政影响有限，大约不超过地方税收收入的10%左右（根据湖北等省的情况），尚在地方财力可承受范围之内。中央财政可以通过各种微调方式弥补地方收入缺口，中央和地方财力分配格局可以在总体稳定条件下进行适度调整，可能不需要对中央和地方财力分配关系乃至地方税体系进行大的变动，体制调整的成本和震动性都比较小。四是从国际视野看，税制稳定是最优税制的重要原则，保持增值税与营业税并存局面，有利于税制相对稳定。五是从国际做法看，增值税在各国有多种模式，如欧洲的增值税、澳大利亚和加拿大的GST（商品和劳务税）、日本的消费税等，各国都是根据本国国情选择增值税的具体模式。

附：1994年以来20年税收制度改革的进程与经验

倪红日　谭敦阳

一、背景

经过1994年的重大税制改革，中国已经初步建立了适应社会主义市场经济体制需要的税制框架。但是，税制体系本身还有许多需要进一步完善之处，尤其是随着我国经济体制改革的进一步深化，在宏观经济格局发生重大变化以及我国加入WTO的新形势下，税收制度与现实的社会经济环境之间产生了很多新的摩擦，日益暴露出其在政策取向和制度安排上的诸多问题，例如税收待遇不统一、税收政策缺乏整体导向、税收制度法律级次过低、地方税体系改革滞后、税收管理体制不完善等。

前20年的税制改革的大多数举措，是在党的十六大提出全面建设小康社会的目标，十六届三中全会通过了《中共中央关于完善社会主义市场经济体制若干问题的决定》后，具体落实中央文件提出的在经济建设和经济体制改革方面的基本任务，其中包括深化税制改革的具体任务。

二、主要任务

党的十六届三中全会通过的《中共中央关于完善社会主义市场经济体制若干问题的决定》第20条中，概括了税制改革的八个主要方面：

（一）改革出口退税制度。按照“新账不欠，老账要还”的原则，对历史上欠退税款由中央财政负责偿还，确保改革后不再发生新欠，同时建立中央、地方共同负担的出口退税新机制，推动外贸体制深化改革，优化出口产品结构，提高出口效益，促进外贸和经济持续健康发展。

（二）完善增值税制度。逐步将现行的生产型增值税改为消费型增值税，允许企业抵扣当年新增固定资产中机器设备投资部分所含的增值税进项税金。这样就避免了重复征税，增强了企业进行技术更新改造的动力，有利于促进企业技术进步，增强企业竞争能力。

（三）完善消费税。调整消费税征收范围，将普通消费品逐步从税目中剔除，将一些高档消费品纳入征税范围，适当扩大税基。这一“有增有减”式的消费税改革，有利于优化税收制度，平衡各群体之间的利益。

（四）统一企业税收制度。包括统一纳税人的认定标准、税基的确定标准、税率、优惠政策等多方面的内容。随着这一改革的实施，以前的内资企业和外资企业税负不统一的格局将得以打破，在税收待遇上，内外资企业将一视同仁，不再搞区别对待。

（五）改进和完善个人所得税。实行综合与分类相结合的个人所得税制度，税前扣除项目和标准的确定应当更加合理，税率也需要适当调整。通过合理改革，有望进一步强化对高收入者的税收调节力度，并朝有利于低收入者的方向发展。

（六）实施城镇建设税费改革。条件具备时，对不动产开征统一规范的物业税（或叫房地产税、不动产税），相应取消有关收费。这一改革将着眼于调整和完善城镇建设税费征收格局，有望做到房屋土地合一，内外统一。

（七）完善地方税制度。结合税费改革对现有税种进行改革，开征和停征一些税种。在统一税政的前提下，赋予地方适当的税政管理权。这一改革有利于进一步完善中央和地方分配关系，进一步加强税收征管工作。

（八）深化农村税费改革。逐步取消农业税和农业特产税，切实减轻农民负担，积极创造条件，逐步统一城乡税制。

三、改革进程

按照党的十六届三中全会关于“分步实施税收制度改革”的部署，这一轮的税制改革自2004年起陆续启动。其中有些改革已经完成，大多数的改革项目已经启动并取得了进展，有些还在斟酌和筹划当中。

（一）从2004年1月1日起，我国对出口退税机制进行了重大改革，降低出口退税率，从此拉开了新一轮税制改革的序幕。为进一步优化出口结构，2005年，国家又分期分批调低和取消了部分“高耗能、高污染、资源性”产品的出口退税率，同时适当降低了纺织品等容易引起贸易摩擦的出口退税率，提高重大技术装备、IT产品、生物医药产品的出口退税率。2007年7月1日又做了一次调整，出口退税率调整为5%、9%、11%、13%和17%五档。

（二）积极稳妥地推进增值税转型改革。自2004年7月1日起，国家开始在东北地区“三省一市”八个行业实行扩大增值税抵扣范围改革试点。这项政策有力地支持了老工业基地调整改造，促进了地区经济社会协调发展，推进了国有经济结构战略性调整，提高了相关产业和企业的国际竞争力。在总结完善东北地区试点方案的基础上，有关部门又研究制定了中部地区26个城市增值税转型试点的方案，经国务院批准后，已于2007年7月1日起实施，为下一步增值税转型在全国推广积累了经验。

（三）进行了内外资企业所得税“两法合并”改革。自2006年7月1日起，内资企业所得税税前扣除的计税工资定额标准统一调整为每人每月1600元，缩小了内资企业与外资企业的税负差距，推进了公平竞争。同时，国家税务总局与财政部共同抓紧研究内外资企业所得税“两法合并”改革方案，起草了新的《企业所得税法》，经国务院审核后提请十届全国人大五次会议审议并高票通过，2008年1月1日开始已经正式启动，税率统一调整为25%。

（四）深入进行农村税费改革。2003年以来，我国在部分地区农村税费改革试点基础上，全面推行了农村税费改革，2006年，全面取消了农业税，迈出了实现城乡税制统一改革的重要一步。这标志着在我国延续了2600年的农业税从此退出历史的舞台，是具有划时代意义的一件大事，也是惠及亿万农民的一大德政，具有重大的现实意义和深远的历史意义。

（五）实施个人所得税制度的改革。2005年8月23日，十届全国人大常委会第17次会议开始审议国务院提交的《个人所得税法修正案（草案）》，个税改革开启帷幕。国家提高了工资、薪金所得扣除额标准，2006年，个人所得税的扣除额由之前的800元/月提高到1600元/月，同时实施年所得12万元以上个人所得税自行纳税申报的办法，保障了纳税人的权益，发挥了税收调节收入分配的作用。从2008年3月1日起，新修订的个人所得税法正式实施，个人所得税的扣除额从1600元/月提高到2000元/月；2011年9月1日起，扣除额提高到3500元，中低收入者的税收负担得到明显减轻。

（六）调整了消费税。2006年初进行了1994年税制改革以来最大规模的消费税调整，新增了高尔夫球及球具、高档手表、游艇、木制一次性筷子、实木地板等税目，取消了“护肤护发品”税目，调整了部分税率。这次调整进一步体现了消费税对高档商品的调节作用，以及促进资源节约的政策导向。

（七）地方税制度进行了调整和改革。

——2007年，统一了内、外资企业适用的不同车船税。公平了内外资企业的车船税收负担。

——2007年底，调整了城镇土地使用税，统一了内外资企业在土地使用上的税收负担，同时为了促进节约使用土地，适当提高了城镇土地使用税税率。

——2007年12月，国务院批准了《中华人民共和国耕地占用税暂行条例》（修正案），提高了耕地占用税税额标准，将原条例规定的税额标准的上、下限都提高4倍左右；统一了内、外资企业的税收负担；从严规定了减免税项目，取消了对铁路线路、飞机场跑道、停机坪等占地免税规定；加强了征收管理，明确了耕地占用税由地方税务机关负责征收。

——2009年，废止了专门对外商投资企业征收的《城市房地产税》，与内资企业统一征收城镇土地使用税和房产税。

（八）2012年1月1日起，在部分行业和部分地区开始增值税的“营改增”改革试点。目前已经在全国范围内的交通运输业、电信业和部分现代服务行业中实行了营业税改为增值税。

四、税收征管制度改革的进程

税收征管与税收制度密不可分。一方面，税收制度能否有效的运行，在很大程度上要依赖于税收征管是否科学合理；另一方面，税收制度的变化又决定着税收征管形式的改变。因此，回顾改革开放以来的历次重大税制改革，往往都是伴随着税收征管模式的转变和税收征管制度的变革。

（一）税收征管模式的重大转变

改革开放以来，我国的税收征管模式大体上经历了三次大的转变：

1. 党的十一届三中全会以后，我国实行有计划的商品经济体制，社会各方面都发生了巨大的变化，相应地，税制也进行了重大的变革，最突出的就是国有企业利改税，使得国家与企业之间的分配关系通过法律的形式确定下来。于是旧的税收征管模式下所造成的权力约束缺位、执法不严、收“人情税”等弊病就显现出来，必须加以消除。经过试点，实行管户交流，岗位轮换，我国确定了“征收、管理、检查三分离”或“征管、检查两分离”的征管模式。这次变革的中心就是分解专管员的权力，实行不同形式的分责制约，是对我国税收征管模式的第一次改革和调整。

2. 党的十四大以后，我国确立了社会主义市场经济体制，初步建立起适应市场经济体制的新税制。为了适应这种新的经济体制，保证新税制的顺利实施，我国实行了“以纳税申报和优化服务为基础，以计算机网络为依托，集中征收，重点稽查”的新管理模式。这种模式侧重于建立纳税人自行申报制度、建立健全计算机监控网络体系和进行重点稽查。全面推行纳税申报制度，实现专管员由管户向管事的转变，这是对原有的税收征管模式的第二次改革和调整。

3. 在新的税收征管体制的建立过程中，税收征管面临着许多新的问题和挑战。首先，在新的征管体制运转中，征、管、查三个环节还没有建立起协调运作机制。征、管、查各业务机构之间的职能、职权、职责划分不够清晰，权责不够对称，衔接不够紧密，各部分管理之间存在着许多“缝隙”，存在许多相互隔离和脱节的现象。其次，由于政府部门之间的协调不够，对税源缺乏有效的控制。再次，从税务部门本身来看，新征管体制下，税源没有专人管理，税源档案资料不全，纳税人的经济情况不清楚。最后，由于机构的收缩，一些税务部门也渐渐地弱化了对税源的监控和管理。为了解决“疏于管理、淡化责任”问题，国家税务总局发布了《关于进一步加强税收征管基础工作若干问题的意见》（国税发〔2003〕124号），要求采取的主要措施包括：一是明确各管理部门的职能，加强相互衔接。划清日常检查和稽查职责，日常检查是指税务机关清理漏管户、核查发票、催报催缴、评估问询，了解纳税人生产经营和财务状况等不涉及立案核查与系统审计的日常管理。总之，在征收管理过程中，对纳税人、扣缴义务人履行纳税义务的日常性检查及处理由基层征收管理机构负责。稽查部门的主要职责是税收违法案件的查处，包括选案、检查、审理和执行，以及负责专项检查的部署。二是加强税源控管，对漏管漏征户进行全面的清理。三是在信息化的支持下，税务机关要对所辖税源实施全方位、全过程监控，及时全面地掌握纳税人生产经营、财务核算情况，对纳税人纳税申报情况进行动态评估。四是实行分类管理，针对不同行业、不同规模的纳税人，在严格评估的基础上，公正、合理地确定纳税信誉等级，对不同等级的纳税人在纳税申报、发票购领、税务检查等方面采取不同的管理和服务措施。五是加强宏观税收负担的分析和预测，运用以GDP为主的宏观经济指标以及工业增加值、商品零售、消费指数等各种相关经济指标，比较分析主要税种、行业和不同地区的税收负担水平。通过对应性分析，观察宏观税负和税源的变化情况，以确定税收征管的工作方向。除以上措施之外，还确定了加强发票管理、强化纳税服务工作和加强税控装置管理等措施。除了我们上述列出的办法外，在基层税务征收管理中，设置税收管理员制度是中国税收征管体制中的一个独特特点。税收管理员工作制度就是将税收征管的“管事制度”与“管户制度”相结合，在健全高效的税收信息共享网络的依托下，以日常稽查和纳税评估为主要手段，明确税收管理员的职责，对纳税人实际经营活动进行动态监控，从而提高税务机关整体税源监控的能力。

（二）税收征管的信息化进程

根据实现税收征管手段现代化的现实需要，推进税收征管的信息化建设就显得越来越重要。2000年底，国家税务总局提出了“科技+管理”“信息化+专业化”的总体改革思路，以税收信息化建设为突破口，深化税收征管改革。以实施金税工程二期和开发应用全国统一征管主体软件（CTAIS）为标志，以税收征管信息化来带动税收征管的规范化。2007年，金税工程三期建设也已经启动。随着社会主义市场经济的不断深入发展和全球经济一体化的加强，适应新形势的税收征管模式也在不断的积极探索之中。

信息化是知识经济的显著特征，也是实现税收征管现代化的一项必不可少的因素。无论是纳税申报、税务审计，还是依法打击逃税行为，信息化管理都能极大地提高税收征管效率，促进纳税人的遵从纳税行为。伴随着税收征管模式的转变，我国税收征管的信息化进程大致如下：

1. 从20世纪80年代中后期到1994年税制改革前，我国的税收征管改革还处于摸索阶段。在征管技术手段上，计算机开始应用于税收征管的主要环节，税务部门开始了PC局域网应用，这是我国税收征管信息化进程的开端。

2. 1994年税制改革后到1998年间，这一时期是我国税收征管适应社会主义市场经济和新税制的提高阶段。在技术手段上，开始把计算机技术由税收征管的主要环节引入了税收征管的各个环节，使我国税收征管开始由传统的手工操作向现代管理转变。金税工程就是我国税收征管信息化建设的一个重要方面。1994年，我国推行了以增值税为主要内容的工商税制改革，并实施以专用发票为主要扣税凭证的增值税征管制度。为有效遏制不法分子利用增值税专用发票大量偷骗国家税款的违法犯罪现象，国家决定在纸质专用发票物理防伪的基础上引入现代化技术手段。金税工程始于1994年，同年7月，作为金税工程一期的增值税计算机交叉稽核系统在50个大中城市试点。

3. 1998年至今，我国的税收征管信息化建设越来越受到重视，步伐也在不断的加快。1998年，在总结一期经验的基础上开始推行金税工程二期，包括防伪税控开票系统、防伪税控认证系统、增值税计算机交叉稽核系统和发票协查系统，分两个阶段进行。第一阶段于1999年10月完成，建成了“五省四市”和四个计划单列市网络；第二阶段于2001年2月建成了其余22个省市区和一个计划单列市网络。全部网络工程实现了覆盖国税系统从国家税务总局到所有省级、地市级和区县级税务局的四级广域体系。

毫无疑问，随着金税工程的逐渐深入，税务信息化的应用范围将逐渐拓宽和深入，对普通老百姓的生活改变也将越来越大。有信息化专家这样评价：作为我国电子政务建设的重要组成部分，税收信息化建设以“金税工程”为突破口，取得了显著的成就。目前，金税二期工程基本完工，金税工程三期建设已经启动，最终将建立覆盖所有税种、覆盖所有工作环节、覆盖国税、地税局，并与有关部门联网的税收信息化“天罗地网”，全面加强税收管理，以此带动我国整个税收工作的现代化建设。

五、基本经验

（一）中国税制改革采取了渐进性的办法。从改革的时间来看，基本上是每十年进行一次重大改革。以十年为一间隔，在实施和巩固前一阶段改革成果的同时，对新税制进行不断的检验和反思，并根据实际情况开始新一轮的改革。这是一个改革的过程，也是一个稳定的过程，更是一个发展的过程。从改革的实施来看，税制改革要分步骤进行，不能一蹴而就。一项重大的变革要受到许多方面因素的影响和约束，税制改革作为经济改革的一个重要组成部分，牵涉到多方面的利益分配问题，直接关乎每个国民的日常生活，甚至关系到国家利益和在国际上的影响，所以，任何一项措施和制度的出台都不能草率，而要综合研究考证各方面的事物和因素，在条件成熟时进行改革。

（二）从改革的背景来看，每次重大的税制改革都有它特殊时期特殊的改革背景，都是与经济体制改革的进程相适应的。税制改革基本上不可能超越整个经济体制改革的进程。如1983—1984年的改革是在改革开放的大背景下进行的，改革的目标就是适应计划经济体制向有计划的商品经济体制的转轨，调节好各方面的利益关系。1993—1994年的重大改革是在确立社会主义市场经济体制下的改革，按社会主义市场经济体制的要求，成为这次税制改革的突出特点。2004年的税制改革是在我国加入WTO和社会经济发生巨大变化、中央提出实行科学发展观的情况下进行的，为进一步完善我国社会主义市场经济体制服务。所以，改革并不是随意地说改就改，而是要符合当时特殊的历史环境和客观条件，与整个经济体制转轨的进程相适应地逐步推进税制的改革。

（三）从改革的动因来看，经济的不断向前发展催动了一次又一次的改革。新的税收制度的确立，会对国家经济的发展产生直接或间接的有效影响，税收作为宏观调控的重要手段之一，在我国的社会主义市场经济建设过程当中发挥了不可或缺的作用。反过来，随着我国经济体制和经济结构的不断变革与完善、整个社会经济不断快速地发展，税收制度便会表现出与现阶段经济发展不协调的方面，从而不得不改革，以便适应新的环境，促进新一轮的经济发展。

（四）从改革的目标来看，我国每次重大的税制改革都在试图正确处理各种不同经济成分之间的分配关系，而且，这种分配关系的处理总是与一定时期所有制结构相适应的。20世纪80年代，提出非公有制经济是公有制经济的必要补充，我们通过对不同经济成分实行不同的税收政策，有效地促进了非公有制经济的大力发展，为实现社会主义所有制结构的合理化奠定了基础。90年代，又进一步提出非公有制经济与公有制经济在社会主义市场经济体制下可以共同发展，于是1994年的税制改革合并了企业所得税，从而为不同经济成分在社会主义市场经济体制下的共同发展创造了公平的税收环境。

（五）在保持宏观税负基本稳定的条件下推进税制改革。由于税制改革往往会影响纳税人的利益，如果在税制变动的同时，采取普遍提高纳税人税收负担的做法，肯定会使纳税人产生对税制改革的反感，从而妨碍税制改革的推进。中国在税制改革的过程中，基本上采取了维持总体税收负担不变的策略，从实践的结果来看，这种策略有利于税制调整和改革的推行。

（六）税制改革与征管制度变革并行推进。税收制度的改革和税收征管的改革密不可分的，否则，即便是设计再完美的税收制度，征税的效果也要通过科学、严密的征管制度来实现。中国在税制改革的同时，积极推进了税收征管体制的改革和现代信息化建设，才使得税收收入能够保持持续高速的增长。

税制优化及征管能力现代化的探索与思考

吴昇文，1953年7月生，广东省地方税务局原局长，中国国际税收研究会副会长。

1994年的工商税制改革已经走过了20个春秋。作为与税收打了一辈子交道的“老兵”，一名税收战线的中层领导干部，我有幸见证、经历，甚至参与了改革开放以来中国税收事业的发展历程，特别是1994年工商税制改革、国税与地税机构分设、征管体制改革、信息化建设全面推进这一波澜壮阔的重要发展时期，感受了税收事业的波折与辉煌。伴随着这一伟大实践，得改革开放之

“天时”“窗口”和前沿之“地利”，以及一批优秀人才之“人和”，广东税收事业发展取得了令人振奋的显著成绩，留下了许多可圈可点、可评可叙的“精彩瞬间”。站在全面深化改革的新的历史起点，面对税收现代化建设的新的征程，在1994年税制改革20周年之际，抚今追昔，以期对未来有所启发和益处。

一、“五个统一”：税制改革的大胆探索

广东对税制改革的探索主要源于深圳特区。特区创立之初，经济规模小，资金匮乏，税收收入很少，国家也不可能为特区建设提供大量资金。为此，特区大胆借鉴并吸收了国外发展市场经济的经验，提出了一条全新的经济发展思路，即：建设资金以吸引外资为主，企业结构以三资企业为主，产品销售以出口创汇为主，经济运行以市场调节为主。但是，特区税收却仍然沿用传统的产品经济税制，随着特区经济的迅速起步，这种源于计划经济体制的税收制度日益暴露出不适应性。一方面，深圳地处改革开放前沿，市场经济发育早，多种经济主体同时存在，但对不同性质、不同所有制企业，特别是外资企业和内资企业分别实行不同的税收法律法规，采用不同税种、不同税率、不同优惠政策，造成企业之间税负不平、优惠不公，阻碍了企业的平等竞争，制约着特区经济的发展。另一方面，对外开放使特区在全国率先出现许多新的经济组织形式和经济活动方式，传统税制存在较大的“盲区”，导致一些该收的税没有被收上来，国家税收白白流失。

为此，特区税务部门充分利用中央允许特区大胆探索的有

利形势，在国家税务总局的领导下，按照先行先试的精神，“摸着石头过河”，大胆进行税制改革探索。按照邓小平同志“解放思想、实事求是”的指导方针，特区税务部门突破传统计划经济的束缚，确立了“统一税法、平等纳税、税种宜少、税负宜轻、优惠从宽、征收从简、管理从严”的新型治税思想，先后于1985年统一了企业所得税税率；1987年，统一了内外资企业房产税、车船使用税，1989年，统一了印花税，从而统一了特区的地方税制；1988年，对外商投资企业停止执行工商统一税，比照内资企业征收产品税、增值税和营业税，统一了特区内外资企业的流转税制；1987—1989年，按照国家和深圳特区产业政策统一了特区税收优惠政策；1992年，抓住邓小平南巡讲话中要求加快改革开放步伐的有利机遇，争取国家税务总局同意，统一了企业所得税计税标准，从而统一了特区内外资企业所得税。经过上述“五个统一”：即特区企业所得税税率的统一、地方税制的统一、流转税制的统一、优惠政策的统一和企业所得税计税标准的统一，逐步构建起适应社会主义市场经济体制的特区税制。实践证明，当时深圳特区税收政策的调整和改革，充分发挥了特区“试验田”的作用，为我国1994年及其之后的税制改革提供了有益的参考。

税收优惠是发挥税收职能作用、服务发展的重要载体。特区早期发展靠的主要也是优惠政策。少税种、低税率、轻税负、多优惠，促进了特区经济社会的蓬勃发展。为了发挥好税收优惠对吸引投资的作用，特区积极争取中央给予特区包括所得税15%优惠税率、增值税“地产地销”免税以及地方税减免等一系列优惠政策和灵活措施。但是，1994年税制改革以后，深圳特区独有的税收优惠政策越来越少，一些被取消，一些成为全国普惠；税收管理权限也基本上收归中央。而彼时深圳特区以科技驱动为特征的新一轮发展正处在关键时期，起步不久的深圳高新技术产业要进一步发展和壮大，亟须包括税收在内的各项政策扶持。基于对深圳发展高新技术产业强烈的内在认同，在市委市政府实施发展高新技术产业的战略后，本着“不争论、大胆试”的原则，特区地税部门充分借鉴美国、日本发展高新技术产业的经验，与财政、科技、国土、银行、人事等部门一起反复研究、讨论和修改，为深圳高新技术产业“量身定做”各项优惠政策。1998年2月，深圳市政府正式出台《关于进一步扶持高新技术产业发展的若干规定》，规定共22条，简称为“22条”，其中，直接涉及税收优惠政策的就有8条。这8条充分用足用好了各项优惠政策。“22条”不仅开创了国内以系统的优惠政策促进高新技术产业发展的先河，而且直接引发了深圳新一轮的高新技术产业发展热潮，奠定了深圳在全国高新技术产业的领先地位。但同时，政策在出台前后引起了很大争议，有人甚至提出有些优惠政策超出权限必须纠正等。对此，我们积极解释说明和请示汇报，争取国家支持并建议国家出台促进产业升级的优惠政策。从之后国家出台的相关文件中可见，22条中的许多内容也被采纳。

二、征管改革：科学征管体制的先行先试

1994年，新税制开始在全国范围推行实施。但当时与之相适应的征管体制尚在探索和形成之中，各省市并没有一个统一的征管模式，专管员固定管户制度与征、管、查“两分离”或“三分离”等模式并存。在组织实施新税制的过程中，我们感到因为管

理滞后而出现的一些问题，影响着新税制的顺利推行。一是专管员管户制度，实际上就是“一人进厂，各税统管”，集征收、管理和稽查于一身，这种管理体制不仅无法杜绝“人情税”现象，而且也无法明确征纳双方的权利和义务，还不利于培养纳税人的自觉依法纳税意识。二是对纳税人管理按地域和经济性质条块分割，既不能适应投资主体多元化的新形势需要，又容易导致各地争抢税源，竞相违规乱开减免政策口子，破坏正常的税收秩序。针对这些问题，我们曾率先在全国实行征管体制“两分离”“三分离”等改革，但这些改革受限于当时的条件，只能是各分局内部进行的一些小调整，还难以彻底解决旧征管模式固有的缺陷和弊端。为此，我们根据国家税务总局转移到基层、转移到征管“两个转移”的要求，对当时的税收征管状况进行了深入调研，并组织业务骨干考察了香港、新加坡的税收管理模式，以结合深圳实际，借鉴国际先进经验，推进征管体制改革。

1996年1月1日，经上级批准，我们正式推行了新的征管模式：以计算机技术的广泛应用和优化纳税服务为基础，根据专业化分工和健全制约机制的原则，在深圳特区内按照税务登记、税款征收管理、税务稽查三大系列设置机构。税务登记系列成立专门的税务登记分局，集中办理各类纳税人的税务登记；税款征收系列按区域设置若干征管分局，依照属地原则征管税收，实行统一征收，集中管理，分级入库；税务检查系列设置若干检查分局，对纳税人实施ABC分类检查。为保证新模式的顺利运转，我们还建立相应的配套制度，如提供多种申报方式、实施税务代理、推行税务公告、建立信息处理中心等。这就较好地解决了旧征管模式存在的问题，为我国探索建立新的征管模式提供了启发和思路。在推行新的征管模式的同时，结合深圳外向型经济比较突出的特点，我们大胆率先探索反避税工作，积极推动市政府出台全国第一个反避税工作操作规程，为深圳反避税工作奠定了较好的制度基础。

三、信息大集中：数据管税的必由之路

在推进征管模式改革的进程中，我们深刻认识到，21世纪是信息化的世纪，如果依旧停留在传统的手工操作、人海战术，不仅无法满足经济税收迅猛发展和税务管理日益复杂的业务需求，而且也不能完成逐年增长的工作任务。做好新时代的税收工作，根本出路在于管理现代化，而没有信息化就没有现代化。成立之初的广东地税，全系统没有一台电脑，没有专业的计算机人才，人们对信息化的了解少之又少。在这样的条件下，我们从零开始，拉开了信息化建设序幕。1996年，在征管改革试点过程中，各地开始在税收工作中引入计算机，用简单的软件部分代替手工操作；1997年，省局开始着手开发全省统一征管软件；2000年，随着机构、人事和征管体制“三项改革”的全面铺开，我们进一步将信息化建设摆上重要战略地位，作为“三大工程”的重点加以推进，加快了软件推广和网络建设步伐；到2001年底，全面开通了省、市、县、乡镇四级计算机网络，推广应用了征管软件和办公自动化系统，并成功创立了市级集中和省级物理集中两种模式。信息技术在税收领域的应用产生了广泛而深远的影响，极大地提高了工作效率和管理水平，把税务管理向现代化水平推进了一大步。

实践在深入，认识在深化。虽然广东省地税市级集中和省级物理集中的信息化模式在全国保持领先，但这种“小集中、大分散”的格局，在一定程度上导致信息孤岛、系统林立、成本高昂等弊端，限制了信息的高度共享和深度利用，对充分释放信息技术的巨大能量，进一步促进税收现代化形成制约。经过反复论证和激烈的思想交锋，我们于2002年毅然做出了实施“大集中”工程建设的决策，即通过对现有信息资源进行优化重组，最大限度发挥系统整合和资源共享效应，用全省地税一个数据库、一套应用系统、一个网络，替代原有的多个数据库、多套应用系统、多个局域网，构建省一级“大集中”应用管理平台，以此作为推进税收管理现代化的主要载体。经过10个月的论证规划设计、10个月的征管软件开发、10个月的南海信息中心生产环境建设，新一代税收征管信息系统于2004年先后在广州、佛山成功试运行，并于2005年在全省全面上线。2006年，工程顺利通过以中科院金怡廉院士为首的专家评审组的评审验收，并给予高度评价：“大集中系统作为全国同类系统中用户规模最大的管理平台，达到了该领域全国领先水平，推进了税收征管工作的科学化、精细化，对金税工程（三期）和广东省电子政务建设起到了示范作用。”

这些年的运行，充分证明大集中是一个标准化的作业平台：全省统一的标准化、规范化税收业务流程设计，使得税收执法管理行为更加标准、统一，从更大程度上规范了自由裁量权，实现了省局对每一笔税款入库的实时监控，“外防偷漏、内促廉政”的过程监控功能表现突出；是一个友好的服务平台：完善了办税渠道，逐步推行以网上申报为主的多元化办税，极大地方便了广大纳税人，降低了纳税成本，进一步改善了征纳关系；是一个高效的管理平台：通过海量信息的采集、加工、分析，实时掌握税收情况，提高了管理的科学化、精细化水平；是一个开放兼容的创新支持平台：依托大集中系统，先后开发应用了税收管理员平台、税收执法责任制系统、纳税评估系统等一系列智能化管理软件，为更高层次、更大范围的管理创新开辟了广阔的空间，特别是2009年在全国率先推行网络开具发票，并在全国范围广泛推广，时任国家税务总局副局长宋兰指出："发票在线应用在税收管理史上是一个颠覆性举措。"

四、新形势下税收征管工作大有可为

1994年，税制改革及随后的调整、完善和稳健运行，对推动建立社会主义市场经济体制、充分发挥中央和地方两个积极性、促进经济社会全面发展起到了重要作用。但受客观条件制约，1994年，税制改革还不尽完善，随着经济社会发展变化，其存在的问题日益显现，就税制而言，主要是税收收入结构不合理，70%左右来自间接税，直接税比重较低，不利于发展方式转变、社会公平和市场统一。党的十八届三中全会吹响了新一轮税制改革的号角，提出要提高直接税比重，优化税制结构。中央政治局审议通过的财税体制改革总体方案明确了增值税、消费税、资源税、环境保护费改税、房地产税、个人所得税等六个税种的改革方向。可以预见，新一轮税制改革将在稳定税负的前提下，重点通过结构性调整提高直接税占税收收入比重，相应降低间接税比重，逐步矫正税收收入结构失衡。

税制的现代化必然要求征管的现代化。在税制格局、税收收入结构即将要改变甚至大变的新的历史条件下，税收征管必须要相应进行变革，特别是面对分类与综合个人所得税改革，以及箭在弦上的房地产税改革，如何以推进全方位的涉税信息深度共享为抓手，加快构建面向自然人的税收管理服务体系，确保税务部门依法有效实施征管，是现阶段亟需破解的难题。与此同时，大数据时代的来临，国际税收竞争日趋激烈，以及经济税源结构深刻变化等，都给税收征管工作理念、管理方式、资源配置等带来深刻影响和巨大冲击，也迫切要求征管制度进行调整优化。近年来，包括广东地税在内的各地税务部门适应形势发展变化，大力推行税收专业化、信息化管理，开展税源专业化管理试点，为深化征管改革积累了有益经验；金税三期的优化和应用，将实现国家税务总局、省局两级数据集中，为更广范围、更深层次的涉税信息共享和应用提供了新的平台和支撑。面对新形势新任务，税收征管工作大有可为，也应有所为。

第一，探索构建“以遵从风险管理为导向、以分类分级管理为核心、以大企业管理为重点、各管理层级合理分工”的专业化管理新体系。将风险管理贯穿于税收征管的全过程，对不同税收风险的纳税人实施差异化的风险管理策略。把纳税评估作为风险应对的主要方法，将有限的征管资源优先配置到风险高、税款流失可能性大的纳税人和领域，破解“管户多、人手少”的瓶颈。打破按职能分工的征管格局，将管理职责划分为征收服务、基础管理、风险分析监控和风险应对等4类，加强专业分工和权力制衡，实现管理方式由“单兵保姆式”向“团队专业化”转变。突出抓好重点税源管理，提升大企业涉税事项管理层级。

第二，探索构建“以明晰征纳权责为前提、以高遵从度和高满意度为特征”的现代纳税服务新体系。改变传统的“保姆式”管理服务观，完善纳税人自主申报纳税制度，真正还权还责于纳税人，实现税务机关的自我“解放”。推进行政审批改革，最大限度地取消税收优惠类审批，规范和减少管理类审批，让税务部门职能回归到“做该做的事”。推进电子办税为主、自助办税和实体办税为辅的多元化办税体系，纳税人从这三种服务渠道都能获得同一化服务，尤其是让纳税人足不出户就能办理所有涉税业务。优化办税流程，精简办税资料，推进办税无纸化，为纳税人“提速减负”。培育和规范中介服务，推进税收管理社会化，将部分税务职能向有资质条件的社会组织转移，探索向中介购买服务，以便税务部门集中精力“把该管的事管好”。

第三，探索构建“以纵向横向的信息化平台为主体，实现涉税数据高度集中、全面共享和增值利用”的信息管税新体系。全面修订税收征管法，加快构建面向自然人的税收征管体系和第三方涉税信息报告制度，着力打造四大平台。一是数据管理平台。强化涉税数据采集和获取，统一数据口径和标准，建立“分级采集、集中共享、统一应用”的数据管理链。二是遵从风险管理平台。建立分级分层风险预警指标体系、税法遵从风险特征库和分行业分税种的税收风险评估模型，使税收风险识别、归类排序、风险预警、任务推送、风险应对和评价等电子化。三是税源管理平台。将监控分析、纳税辅导、纳税评估等业务抽象为工作流，实现“工作找人”“信息找人”。四是电子办税服务平台，推行CA认证，推广电子征管档案的应用，逐步实现所有涉税业务网络化运行。

第四，探索构建“以同征、同管、同查、同服务、同考核为内容”的税费一体化管理新体系。现阶段全国已有20个省（市）地税部门负责征收社保费，无论从收入规模还是工作量等方面来讲，社保费征收都成为地税工作的重要组成部分。税收征管改革须把规费纳入通盘考虑，未雨绸缪，做好顶层设计，从登记、征收、欠费管理、服务等各环节入手，推进“信息管费”，全面构建以“五同”为内容的税费一体化管理体系。

地方税理论和实践研究

吴俊培，1947年11月生，武汉大学原副校长，中国国际税收研究会原副会长。

一、导论

党的十八大报告明确指出，市场在资源配置中起决定性作用。这是指导改革的灵魂，表明对我国现行的经济体制必须全面深化改革。分税制财政体制是经济体制中的核心制度，因此，全面改革分税制财政体制是全面深化改革的突破口。

分税制财政体制的基本构件是税收、分税和转移支付制度。其中，税制是基础，然后根据税种的性质在各级政府间分配税收收入，然后考虑建立转移支付制度。因此，符合市场经济体制要求的税制是基础，也是全面深化改革的切入点。

市场在资源配置中起决定性作用，因此，要求税收中性，即税收不扭曲市场资源配置功能。但对整个经济来说，税收是从再生产循环的货币流中取走货币，是对社会总福利的减少。因此，必须依靠预算支出增加的福利来弥补税收的损失。如果税收是中性的，政府预算支出增加的福利正好能弥补税收造成的福利损失，那么表明，预算也必须是中性的。

上述是一个总体的情况，但一个国家通常是由中央政府和地方政府组成的，这就要求从结构上看也仍然能保证税收中性和预算中性。要求对税收制度中的各种税收在各级政府之间分配，以便做到税收中性和预算中性。

在分税之前，必须对税收的支出用途进行分类，而这种分类和税制设计的分类是有联系的。政府的公共预算支出可以分为两类：一般预算支出和专项预算支出。所谓一般预算支出是指政府提供的一般公共商品的支出。一般公共商品从结构上看，中央政府预算一般支出提供的公共商品全国人民都受益，省级政府预算一般支出提供的公共商品全省居民都受益。以此类推，直至基层政府的预算一般支出提供的公共商品使该辖区的居民都受益为止。这类支出有两个特点：一是被提供的公共商品的消费是免费的；二是支出来源是一般税收收入。一般税收收入只大体指明是受益者交纳的，即受益者为消费一般公共商品所支付的价格。但消费者并不清楚在某项公共商品上支付了多少。例如，消费者不清楚在国防、教育、行政管理等方面支出了多少。事实上，消费者也不必要知道，只要社会总福利不减少就可以了。所谓专项支出，是指提供特种公共商品的支出。所谓特种公共商品是指满足特殊人群的某种公共需要，从结构上看，并不是全国居民或地方居民都享用的公共商品。这类支出来源是特选税。这就要求受益的人群要支付特别的税收，这就是特选税。例如，汽油税和轮胎税就是特选税，相当于使用道路所支付的价格。因此，特种税应用于专项支出，而不是用于一般预算支出。

把税收进行一般税和特种税进行分类非常重要。这表明一般税收收入用于一般预算支出；特种税收收入用于专项预算支出是保证税收中性和预算中性的重要条件。

分税，是指把一般税和特种税在各级政府之间分配。分税有两种方式：一是对税收制度中的各种税收区分为中央税和地方税；二是建立转移支付制度，需要转移支付制度来补充。

税收中性要根据再生产的特点来选择税种，并根据节约交易费用的原则安排税制。这样就有可能产生纳税人和负税人不一致的情况。而预算中性是考虑公共商品受益者和其税收负担相适应的关系。只有极少数税收既符合税收中性原则又符合预算中性原则。这就是说仅靠中央税和地方税的划分来保证各级政府的预算平衡是不可能的。

中央税和地方税存在收入权和所有权不一致的问题。中央税收收入的收入权在中央，而所有权属于全国人民。因此，中央一般税收收入除了满足本级政府的一般预算支出外，还要将一部分收入分配给地方，使地方政府满足一般预算支出的需要。根据公共劳务均等化的要求，建立一般预算转移支付制度。预算专项支出也需要转移支付，因为专项支出的受益面同样可能是跨地区的。理论上说，上级政府的税收收入对下级政府都有转移支付的责任。这就是说只有最基层政府的税收收入权和所有权才是统一的。

上述表明，对地方税的研究应该放到分税制财政体制的大环境中去研究。

二、地方税和税制的关系

1. 地方税界定

我国似乎并没有形成地方税的共识。一种观点认为，地方税要符合两个条件：一是税种，二是收入归地方（靳东升、王则斌，2013；刘尚希，2013），但还强调地方税应有相应的立法权。另一种观点认为税收收入归地方政府支配的就是地方税，有没有相应的税种或立法权并不是问题的关键（朱青，2014）。具有类似观点的还认为地方税有两个口径，一是大口径的地方税，即地方税和共享税中归属地方的部分都是地方税；二是小口径的地方税，仅指收入完全归属地方政府的税种（六一，2014）。

我们认为，地方税是一个国家税收制度的组成部分。地方税并不是税种的名称，而是“分税”产生的概念，即把税收制度中的各种税收区分为中央税和地方税。地方税是属于地方的各个税种的总称。例如，假定房地产税是地方税中的一个税种，那么房地产税的税收收入归地方政府预算。与地方税相对应的中央税，就是指归中央的税种的收入归中央预算。

地方税既然与税种有关，那么地方税的设置就要符合税收中性原则。地方税又与“分税”有关，因此，地方税又要符合预算中性的原则。地方税最本质的特点是既符合税收中性，又符合预算中性。至于地方政府对地方税的立法权并不是地方税的必要条件。地方税的立法权受一个国家的政治、经济、文化，以及传统等多种因素的影响。例如美国，联邦、州和地方三级政府都有相应的税收立法权、征管权和收入权。而像英国、法国等集权程度较高的国家，地方税的立法权在中央。

2. 税收中性对地方税的制约

中性税制的设计要服从再生产规律，可能设置税种的环节如图所示：

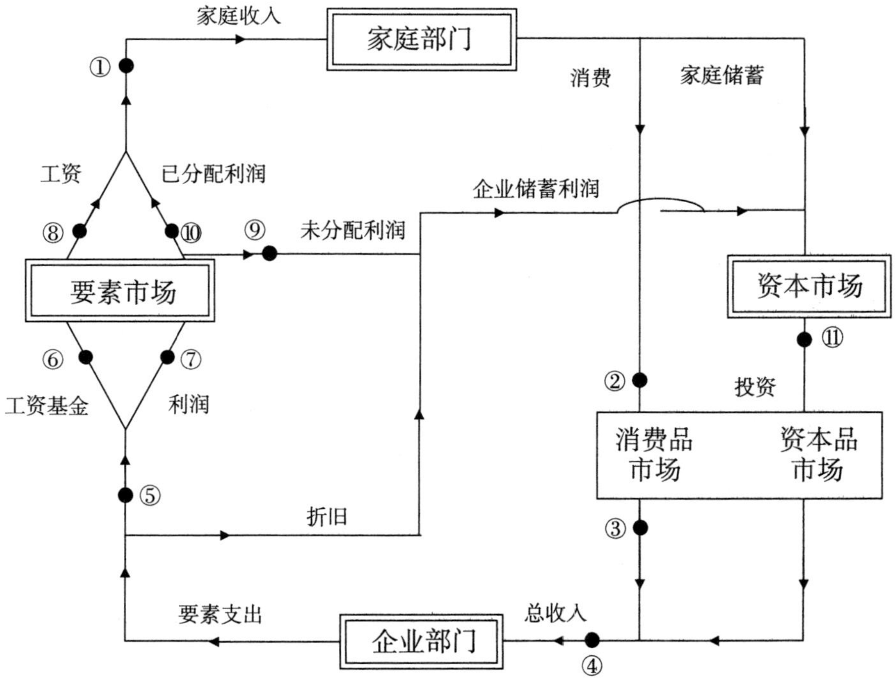

税种设置和再生产关系示意图

上图是市场经济部门收入流和支出流的循环示意图，在这个循环示意图中用数字标明的地方是税种可能设置的环节，即政府预算从这些可能的环节取得收入。

图中顺时针方向的实线表示货币流；相应要素投入和产品投入的实物流隐含其中，但方向相反，图中没有标明。

家庭部门在图的上方，企业部门在图的下方；要素市场在图的左方，资本市场的产品市场（消费品市场和资本品市场）在图的右方。

家庭部门的收入可分为消费支出和家庭储蓄。消费支出流进入消费品市场，并成为提供相应消费品企业的收入。另一部分储蓄进入投资，成为资本品市场的支出，并转化为提供相应资本品企业的收入。

一部分企业收入，包括折旧和利润，将在要素市场购买劳动、资本和其他投入品，在国民收入中表现为各种要素份额。那些份额支付给要素提供者，就是工资、红利（资本股份收益）、利息等，即成为家庭的收入。另一部分企业收入，包括企业保留利润[①]和可用的折旧，形成企业储蓄，并和家庭储蓄一起成为投资资金来源或购买资本品。

上述完整说明了收入流和支出流的循环。在这循环图中，图中黑点代表政府部门可以设置税种的环节。[②]圆圈中的数字表示可能设置的税种编号。黑点①是影响家庭收入的环节，黑点②是影响消费者支出的环节，黑点③是影响企业零售收入的环节，

① 保留利润是指企业没有支付给要素提供者的收入部分。

② 马斯格雷夫称之为对再生产产生影响的“点（环节）”，即对收入、支出产生影响的环节。如果设置了税种，那么就是某种收入的纳税环节。

黑点④是影响企业毛收入的环节，黑点⑤是影响企业净折旧收入的环节，黑点⑥是影响工资基金的环节，黑点⑦是影响利润的环节，黑点⑧是影响工资收入的环节，黑点⑨是影响保留利润的环节，黑点⑩是影响股份收益的环节。[①]

上图只是标明了经济流量的税种设置点。经济流量分为两类：商品劳务收入流和生产要素收入流。对于经济存量的税种设置，图中没有标明。

这些点只是可能设置税种的环节，在这些点上要不要设置税种、设置多少个税种，各个国家都是不一样的。税种设置不是一个纯经济问题，还和一个国家的政治、文化、风俗习惯、历史传统等因素有关。但在再生产特征点上设置税种是市场经济体制的基本要求。

从再生产的角度看，一个经济存在流量和存量两类。上图可能设置的税种属于流量税，另一类对存量可能设置的税种为存量征税，称为存量税。从再生产的特征来看，存量税实际上是对货币流的扣除。从这个意义上说，存量税相对于流量税来说是重复征税。

为了尽可能减少重复征税，还需要进一步分类。流量税可以区分为商品劳务收入税和生产要素收入税。而对于经济存量来说也可以分为两类：资本存量和生活存量。存量通常不普遍征税。

流量税的最大特点是流动性，商品劳务、生产要素都是流动的。一般说来，流量税适合作中央税，不太适合作地方税。但地方设流量税不是没有理由的，因为地方对经济流量也提供公共

① 美国的税种设置都在这些点上，但美国没有设置增值税。

服务。但地方的流量税相对于中央的流量税来说是重复征税。因此，地方的流量税税负相对较低，控制在纳税人和负税人一致的限度之内。

对存量征税，通常可选择房产、地产、遗产等为征税对象。理论上说，存量税适合作地方税。存量的特点是流动性差，和地方公共劳务的联系较紧密。

三、分税和预算中性的关系

1. 中央税

中央税是指税种收入归中央预算的收入，但中央税的所有权属于全国人民。中央税既要满足提供全国性公共商品的需要，又要满足地方公共商品的需要。在税制安排中，中央税可以区分为两种情况：中央一般税和中央特种税。中央一般税要满足全国一般预算支出的需要；中央特种税要满足全国专项预算支出的需要。

一般预算提供的是一般公共商品。所谓一般公共商品是指人人都受益的商品，具有纯公共商品的特点。从结构上看，就是中央提供的一般公共商品全国人民都受益，省级政府提供的一般公共商品全省人民都受益，以此类推。由于流动要求公共劳务均等化，因此，中央税的一般收入不仅要满足中央政府一般预算的支出需要，还要负责解决地方政府一般预算支出的平衡问题。

特种公共商品是指满足某部分人的公共需要，因此，特种税相当于那种消费特种公共商品所支付的价格。同样道理，中央的特种税收入不仅要满足全国人民的特种需要，还要负责解决地方特种支出的缺口问题。

（1）中央一般税

从中性税制的设计看，是对某类税基普遍征税的税。对相同税基普遍征税是税收中性的基本要求。根据经济流量的分类，一般税可以区分为商品劳务收入税和生产要素收入税两类或两个。一般税可以由一个税种承担，也可以由两个税种组成。理论上说，一个税种的一般税比两个税种的一般税更有利于中性。因为两个税种之间的税负难以均衡。

商品劳务一般税是指对商品劳务普遍征收的税收。在我国由增值税和营业税两个税种组成。而在欧盟和美国都只设一个税种。生产要素收入税是指对生产要素收入普遍征收的税收。在欧美国家，通常由个人所得税充当。在那些国家，个人挣得的收入是不分性质的，即无论是工薪收入、地租收入、股息收入、企业利润收入都可以细分到个人，汇总一并缴纳个人所得税。我国是公有制为主体的国家，一般税由企业所得税和个人所得税两个税种组成。

商品劳务税的税基是流动性的，为了节约交易费用，制度安排中纳税人和负税人是不一致的。因此，商品劳务一般税作为中央税是合适的，用于满足一般公共商品的支出需要。

在以私有制为基础的国家里，生产要素明确到个人，因此，生产要素税和“个人”的联系很紧密。所得税 作为地方税似乎很合适。其实不然。一个人的居住地、就业地和购物地可能都是不一致的。因此，所得税归税收缴纳地是不利于预算中性的。从再生产的角度看，商品劳务税和所得税之间是有消长关系的，性质上都是对国民收入的扣除。因此，这两个一般税都应该作为中央税。

理论上说，在税负设计上是：中央一般税加地方一般税的收入应该能满足各级政府一般预算支出的需要。这制约了地方一般税的税负，也暗含了中央转移支付和地方税之间的内在联系。

（2）中央特种税

特种税和公共劳务受益之间联系紧密，通常应该专款专用，建立相应的专项预算。

特种税有两种情况：一种是费的税化；另一种是在一般税的基础上选择某些商品劳务或某些所得开设新的税种。

费是指使用者费，即对公共劳务消费所支付的价格。但费在一定条件下是可以转化为税的。例如，对使用高速公路收费可以改为征收汽油税和轮胎税。因为汽油和轮胎的消耗量大致和道路的使用成正比。这表明，这种特种税的使用方向是被规定了的，即应该用于高速公路的维护和发展方面。

另一些商品劳务特种税的调节目标也比较明确。例如关税、消费税、环境税等。这些税种相对于商品劳务一般税来说都是重复征税。关税是处理国际经济关系的税收，对外竞争关系由中央处理，对内的协调发展也必须由中央处理。这说明关税的使用范围也是比较明确的。消费税的目的是限制高消费，因此其收入用于建立支援不发达地区的专项基金是适当的。开征环境税是理论界讨论的热点，并主张环境税是地方税。环境税是对环境污染的收费。但环境污染有流动性，因此，有些可能是地方税，有些应该是中央税。而且，生态问题也是环境问题，更应该由中央统一治理。

如果个人所得税成为生产要素的一般税，那么公司所得税可以成为中央特别税，用于扶持中小企业的发展。

2. 地方税

从整个税制的角度看，地方税也属于特种税，相对于中央一般税也是重复征税。从税种设计来看，之所以可以作为地方税，是因为地方居民缴纳的特点明显。谁受益谁付费是预算中性的基本原则。地方税的收入权和所有权除了最基层的地方政府重合外，次高一级地方政府的地方税的收入权和所有权是不重合的。理论上说，次高一级政府的地方税也必定包含下级地方政府居民缴纳的税收，也需要享受相同的地方公共劳务。因为相同的地方公共劳务由上一级政府提供更有效率。

地方税本身是特种税，但仍然可以区分为地方一般税和地方特种税，分别用于一般预算和专项预算的支出。

（1）地方一般税

地方一般税可选择房地产税、商品劳务一般税地方附加、印花税、地方个人所得税等。

房地产税是对经济存量征税，相对于经济流量一般税，属于重复征税。但这一经济存量是反映地方公共劳务受益的标尺，正如汽油和轮胎消耗是道路使用的标尺一样。因此，房地产税作为地方一般税在国际上很普遍。

商品劳务一般税地方附加，对于我国来说应该是增值税和营业税附加。理论上说，地方有权征收地方商品劳务税，因为存在流动性，在地方的商品劳务购买者必定受益于地方公共劳务。采取地方附加的方式是为有利于节约交易费用。

印花税是有利于节约交易费用的，因此也可以用于一般预算支出。地方个人所得税是按属地主义原则设置的。毫无疑问，居住地居民享受当地公共劳务是毋庸置疑的。

地方一般税收入占地方一般预算支出多少为宜？30%还是20%或者其他比例？应该说各个国家的情况不同，没有固定的模式。我们认为，这个比例的形成是考虑地区有序竞争和协调发展的结果，而不是税制设计和分税的先验前提。

上面我们说到，地方立法权并不是地方税的关键。例如，某地提高地方税的幅度高于其他地方，那么该地居民的负担和到该地生活和经商的人来说，税负加重了。这样对该地的发展是不利的。而如果该地要通过招商引资发展经济，那么由于一般税由中央掌握，地方财政收入并不能得到实际的好处，避免了地区间招商引资的不良竞争。无论是中央立法还是地方立法，都要以有序竞争和协调发展为原则。

地方一般税的税负加中央一般税的税负应该能满足各级政府预算一般支出的需求。

（2）地方特种税

地方特种税是专款专用的税收，通常以使用者费的形式出现。这里之所以把费也称之为特种税，因为税和费是相通的，前者对公共消费的付费。不同的是费和公共消费之间的对应性强，而税的负担人和公共劳务之间的对应性不强。例如，税收中多少是你消费国防所支付的税收，纳税人是不清楚的，但总量上，纳税人缴纳的税收是政府提供所有公共劳务的成本。例如，地方的排污费、地方的道路使用费、地方的河道疏浚费、地方的森林保护费等等，缴纳者必定是相应的受益者。

如果严格按照谁受益谁付费的原则，地方特种税不会有什么风险。

四、地方税的功能

地方税的主要功能是激励地方之间的有序竞争和协调发展。但这仅靠税制功能和分税功能是远远不够的，还要靠转移支付制度来保证。上述分析表明，地方政府仅靠地方税收入是难以预算平衡的，必须要靠上级政府的转移支付制度来保证。

1. 中央应建立转移支付基金，确保预算平衡

（1）建立一般转移支付基金

上述分析是以支出需求来设计税负的，因此，中央一般税收入加地方一般税收入，在总量是能够满足各级政府一般预算支出的需求的。因此，根据经验数据，中央一般税收入满足本级政府一般支出的余额就可以用于建立一般转移支付基金。例如，中央一般预算支出在正常情况下占中央一般收入的40%，那么60%可以建立一般转移支付基金。这样在制度上就可以规定增值税、营业税、企业所得税和个人所得税的60%建立一般转移支付基金。如果是这样，在正常情况下，各级政府的一般预算支出是有保障的。

一般转移支付基金属于无条件补助，解决公共劳务均等化的问题。

（2）建立专项转移支付基金

专项支出由特种税解决，这本身要求建立基金预算。因此，专项转移支付基金实际上是各种基金预算的转移支付基金。这是一种双重基金，资金既限于某项特种税收入，又限于某项特种需求的支出。因此，这类转移支付通常是有条件的转移支付。

基金预算理论上也不应该有风险，因为基金预算本身是按成本收益原则设计的。但如果成本收益内部化（即全部由地方公共承担）约束不严格，同样是有风险的。例如，地方要修一条道路，靠收取使用者费解决成本问题。如果将来收取的费用比预期的要小，出资人的收益却预先按计划承诺，那么风险会转移到政府身上。如果在建立基金预算的时候就说明风险共担，即出资人的收益和道路收费的实际情况挂钩，那么出资人就成了风险共担者，风险就会大大降低。

2. 转移支付规范化

（1）公正、透明的一般转移支付制度

公正、透明的一般转移支付制度通常有以下三个步骤。

首先，核定地方一般标准收入。所谓地方标准收入，并不是地方税的实际收入数，而是经地方努力可以获得的收入。这个被核定的标准收入是地方可获得转移支付的基础，中央根据标准收入决定转移支付。这是激励地方创收的制度安排。不论地方的实际收入大于还是小于标准收入，可获得的转移支付基金是不变的。这是对地方之间竞争的一种鼓励。

其次，根据公共劳务均等化原则核定地方的标准一般支出。这是一种很专业的复杂计算，要根据地方具体情况，一项一项地计算一般公共支出需求，然后加总。义务教育的支出需求，要根据学龄儿童人数、教育费用、人口密度等因素核定。

最后，决定转移支付额，即把第二项减去第一项的差额就是可以获得的转移支付额。这种办法，遏制了地方之间的盲目竞争，堵住了地方靠贷款来发展本地经济的行为。但由于投资收益的外部性，地方靠这种方法增加不了本地的财政收入。

转移支付既然是基金制，总量是受到限制的。如果经济不景气，地方需要的转移支付量大于可用于转移支付的基金，那么就要按实际情况按比例减少对地方的转移支付。由于每个地方减少的比例是相同的，因此，仍然是公平的。如果经济形势很好，转移支付基金用不完，那么可以结转下年使用，或动用程序追加预算。

（2）建立科学、合理的基金预算

基金预算是收支对应的预算。基金预算的受益面和税收的缴纳者之间的联系是清楚的，或者受益群体和纳税群体之间的关系是比较清晰的。如果只有基金预算的名称，缺乏上述的条件，那么就不是真正的基金预算。

在上述前提下，基金预算的转移支付的合理性就容易解决，根据成本和收益进行有条件补助。

五、我国地方税存在的问题

我国的地方税并没有按税制、分税和转移支付制度这样的要求去设计。因此，我国的地方税需要全面深化改革。

1. 税制的问题

我国的税制非中性明显。我国的商品劳务一般税是由增值税和营业税两个税种组成的，这本身就是非中性的。目前正在进行“营改增”的试点，从一般税由两个税种变为一个税种来说，应该有利于中性。但改革的出发点并非如此，而是为了加快劳务业的发展。实际上，对于市场经济体制来说，劳务业并不需要政府去加快。由于改革的动机有问题，因此，针对地方收入减少的对策进一步扭曲中性。例如，消费税改为地方税、环境税归地方等建议。

对于生产要素税来说，企业所得税是非中性的，因为企业所得税不论小企业还是大公司都一视同仁。看似公平，实际不公平。因为大公司获得的公共劳务明显多于中小企业。我国的个人所得税是按次并按收入的不同要素性质区别对待。这也是加剧非中性的。

我国的特种税之间的重复征税严重。例如，我国有车船税、车辆购置税、而在消费税中有汽油税和轮胎税等，这些税种和车辆的道路使用都有关系，多头管理、重复征税。有些特种税名不副实。例如，地方的城市维护建设税和教育费附加。这两种地方税的名称看起来是基金预算的收入，实际上是地方一般税收收入。如果这两种税作为地方税，那么可以归于一个税种，即地方税附加。因为只允许城市有附加、不允许乡镇有附加是不公平的。而且，附加应该是对一般税附加，对消费税也附加是没有道理的。另外，在土地问题上的税收也比较混乱，房产税也不符合受益原则等，不一一细说。

我国的地方税可以说是不成体系，从分税制财政体制的角度看，不知是根据什么原则建立的。在分税制财政体制中无足轻重。

2. 分税的问题

我国没有根据税种的性质区分不同税收的不同用途。我国没有区分一般税收收入和特种税收收入；更缺乏相应的一般预算和专项预算的概念。这实际上是混淆了税收的收入权和所有权的区别。因此，存在一种错误的理念，本级政府的财政收入可以由本级政府自由支配。

我国的分税是比较混乱的。例如，增值税和营业税共同构成商品劳务一般税，两者的性质是完全一样的。但增值税归中央，营业税却归地方，显然是很不合理的，如果当时和增值税一样处理分税，“营改增”也不会产生如此大的困难。

把增值税、企业所得税等作为共享税，且固定比例分成的做法是扭曲预算中性的。固定比例分成隐含了如下假设：在增值税中，25%增值税产品由当地居民消费，有75%增值税产品由其他地区的居民消费；在企业所得税中，当地居民缴纳了50%，其他地区的居民也缴纳了50%。这样的假设是完全不切合实际的。而且，这种分税方法激励了地区之间的恶性竞争。当前的“土地财政”就是明显的表征。

3. 转移支付制度的问题

由于中央一般税收收入作为共享税进行了不合理的分配，中央可以用于一般转移支付的资金就不多了，根本解决不了地区发展不平衡的问题。我国缺乏激励有序竞争、地区协作的转移支付制度。

我国专项转移支付太多，但并非是真正的基金预算，而是作为校正不合理的财政体制的手段。这就是说，专项转移支付太多本来是不利于预算中性的，但由于财政体制是非中性的，专项转移支付反而对非中性是一种校正。

六、结论

分税制财政体制是公共经济的基本制度，这一基本制度是经济体制中的核心制度。全面深化改革必然涉及这一基本的核心制度。

地方税应该放到整个税制中去研究；税制应该放到“分税”中去研究；分税应该放到转移支付制度中去研究。其中，中性税制是基础，中性预算是目标。通过改革地方税体系，改革税制、改革“分税”和改革转移支付制度。

主要参考书目

[1] 高培勇. “营改增”的功能定位与前行脉络[J]. 税务研究，2013（7）.

[2] 关礼. 构建我国地方税体系的探索[J]. 税务研究，2014（4）.

[3] 六一. 地方税体系演进史[J]. 新理财（政府理财），2014（1）.

[4] 楼继伟. 中国政府间财政关系再思考[M]. 北京：中国财政经济出版社.

[5] 靳东升，王则斌. 构建地方税体系的若干重要问题的思考[J]. 公共经济与政策研究，2013（4）.

[6] 贾康. 地方税体系如何破题[J]. 中国房地产业，2013（4）.

[7] 朱青. 完善我国地方税体系的构想[J]. 财贸经济，2014（5）.

[8] 吕冰洋. 地方税体系未来式[J]. 新理财（政府理财），2014（1）.

[9] [英]亚当·斯密. 国民财富的性质和原因的研究[M]. 北京：商务印书馆，1997.

[10] [英]大卫·李嘉图. 政治经济学及赋税原理[M]. 北京：商务印书馆，1962.

[11] [英]马歇尔. 经济学原理[M]. 北京：商务印书馆，1964.

[12] [美]康芒斯．制度经济学[M]．北京：商务印书馆，1997.

[13] [美]道格拉斯·C.诺斯．经济史中的结构与变迁[M]．上海：三联书店、上海人民出版社，1994.

[14] [美]萨缪尔森．经济学[M]．北京：华夏出版社，1999.

[15] C·V·Brown & P·M·Jackson：Public Sector Economics，Martin Rorbertson & Company Ltd·，1983 .

[16] Richard A·Musgrave & Peggy B·Musgrave：Public Finance In Theory And Practice，McGraw—Hill Company，1980.

[17] Diu. A Discussion of Theoretic Creation of Law of Finance and Taxation，Social Sciences，1961.

[18] David King. The Evaluation on Present Local Tax System，Economy and Management，1992.

[19] Musgrave. Proportional Income Taxation and Risk−Taking，Oxford Journals，1983.

[20] Jack M Mintz. Capital Mobility and Tax Competition，Now Publishers Inc，1998.

[21] Owens−Norregaard. Collaborative governance and adaptive management，Environmental Science and Policy，2001.

[22] Robin Boadway. Inter−Governmental Fiscal Relations The Facilitator of Fiscal Decentralization，Constitutional Political Economy，2001.

[23] Wilson，J.D.T. About the Perfection and Development of Enterprise Income Tax Law，Social Sciences，1999.

1994—2014：再谈地方税改革的经验教训和目标原则

许建国，1958年6月生，湖北省地方税务局局长，中国国际税收研究会学术研究委员会副主任。

一、1994年改革的成效、经验与缺憾

中国现行地方税体系是1994年税制改革和推行分税制财政体制中建立起来的。20年前那场全面、系统、深刻的财税制度改革，按照“统一税法、公平税负、简化税制、合理分权、理顺分配关系、规范分配方式、保

障财政收入”的原则，不仅建立和完善了我国商品劳务税、所得税双主体的税制结构，而且还创新性地引入市场经济国家普遍推行的分税制体制，按税种划分中央和地方的财政收入，初步建立了以营业税为主体的省以下地方税架构体系（地方税种收入构成见表1）。

表1　　　　地方税收入结构

年份	地方税各税种占地方税税收收入比重											
	指标值(亿元)	营业税(%)	城镇土地使用税(%)	房产税(%)	资源税(%)	耕地占用税(%)	印花税(%)	土地增值税(%)	车船税(%)	契税(%)	烟叶税(%)	城市维护建设税(%)
1994	1067.89	63.70	3.05	5.64	4.26	0.00	5.79	0.00	1.06	0.00	0.00	16.51
2001	3202.91	65.09	2.07	7.14	2.10	0.00	10.52	0.32	0.77	0.00	0.00	12.00
2012	31358.60	50.23	4.91	4.38	2.88	5.05	3.15	8.67	1.25	9.09	0.42	9.97

数据来源：1994—2011年，数据均来源于各年度《全国税务统计》，2012年，数据来源于《税收月度快报》。

关于1994年财税体制改革成效，我们的评价是成就巨大、经验可鉴、影响深远。

改革成就主要体现在三个方面。一是新财税体制促进了统一、规范的社会主义市场经济体制形成。没有市场经济，就不可能设想中国经济随后20年的持续、快速增长。二是新税制极大地强化了税收筹集财政收入功能。1994—2012年，税收收入由5071亿元增长到110764亿元，年均增长18.7%。因为有了强大的财力基础，才能为改善民生、呵护公平、维护稳定提供较为充分的预算保障。三是分税制采取市场经济条件下的通行规则，初步规范了中央与地方之间的财政、税收分配关系。改革不仅一举扭转了包干体制下中央财政长期困难局面，而且调动了地方政府当家理财、重视地方小税种征管的积极性。1994—2012年，11个地方小税种收入增长了28.4倍。

改革基本经验有两条：一是1994年改革在战略上精心谋划、重视顶层设计、配套改革和稳步实施。整个综合改革方案不仅考虑了税收体系与市场经济规则相适应，考虑了税制体系与分税制体制相匹配，还在税种配置、转移支付设计上注重兼顾中央和地方的利益关系。二是1994年改革立足国情，借鉴国外经验。例如，在税制模式设计上，没有照搬发达国家的所得税主体税制，而是选择了商品劳务税、所得税双主体模式；在增值税改革问题上，实行的是以销售货物为对象的“收入型”增值税，而没有将增值税范围扩大到难征、难管、难规范的劳务服务领域；在分税制设计问题上，改革没有套用“财政联邦主义”，而是按照“单一体制、合理分权”的原则，推出了一套基本适合中国国情的分税制财政体制。

由于1994年改革成效巨大、经验弥足珍贵，因此，它对我国随后的经济发展与其他方面改革产生了重大影响。

当然，充分肯定1994年改革的成效与经验，不是说20年前的改革就没有缺憾和不足，更不是说1994改革形成的财税体制就不存在妨碍经济与社会发展的矛盾和问题。相反，一些缺憾、矛盾和问题不仅存在，有的甚至还累积、加剧到影响国家治理体系和治理能力建设的程度。其中一个突出的缺憾，就是当时未能高度重视地方税制体系建设，造成地方税种配置杂乱、功能重复，收入规模过小，以及地方税管理分权不够等，进而引发地方政府财力困难，过度依赖“土地财政”、依赖乱收费乱罚款、依赖中央专项转移支付等一系列问题。

二、为什么要重构地方税体系

呼吁重视和加快地方税体系改革是一个老问题，而非新问题。近年来，尤其是党的十八届三中全会通过的《中共中央关于全面深化改革若干重大问题的决定》提出，“加快改革财税体制，……构建地方税体系，形成有利于结构优化、社会公平的税收制度”以来，学术界、各级政府部门重提地方税改革，积极研究地方税改革方案，首先是贯彻落实中央《决定》，全面构建和完善地方税体系，解决地方税制不完善这支“短腿”的需要。

我国地方税体系薄弱，应当说是1994年改革尚未来得及解决的一个“历史遗留问题”。由于1994年改革涉及面广、目标多重、任务繁重，有些改革如推行分税制体制、建立地方税体系等又处在探索过程之中，因此，决策部门在当时不可能一蹴而就解决结构优化、科学合理的地方税体系构建问题。正因为如此，现行地方税体系如同一个“早产儿”，存在诸多先天不足。具体表现在：一是地方税种配置不科学，功能杂乱重复。例如，一个新建房地产项目从征地、建设到销售，涉及缴纳的税种有耕地占用税、营业税、土地增值税、契税、印花税，这其中不包括企业还要随营业税附征的城市维护建设税、教育费附加，以及企业所得税等。二是地方税收入规模过小。据统计，地方税收收入占地方财政收入的比例，2007年为49.58%，2011年为43.62%，不仅比重低且呈逐年下降之势。如果将中央转移支付因素考虑进来，一并分析地方税收收入占地方可用财力的比例，地方税收入规模就显得更加“寒酸”，在有些困难县区，这一比例可能10%都不到。三是一些地方税种在制度设计上不能适应经济与社会发展的需要，难以体现地方税的政策功能。如对土地、房屋仍然按照土地面积、房产原值，分别征收房产税和城镇土地使用税；资源税尚未将水资源纳入征税范围等。四是中央赋予的地方税收管理权限过小，不利于地方政府因地制宜的开辟税源、落实政策和强化管理。以上所述，大多属于制度层面的问题，因此，需要通过全面构建和完善地方税体系来通盘解决。

另一方面，加快构建地方税体系还有一个现实原因，就是2012年始于上海试点的“营改增”，开始动摇现行地方税体系和分税制体制基础，并引发一系列需要从制度层面抓紧解决的复杂问题。

众所周知，营业税是一个遍及世界各国的传统流转税。经过1984年和1994年两轮税制改革，我国形成了由增值税、消费税、营业税构成的商品劳务税体系。其中，增值税对应税货物在销售环节征收，属于中央地方共享税；营业税对应税劳务、服务行业征税，划为地方税。营业税的原征税项目包括：交通运输、建筑安装、金融保险、邮电通信、文化体育、娱乐业、服务业、转让无形资产和销售不动产。经过两轮“营改增”，截至2013年，营业税原征税项目中已有交通运输（含铁路运输）、服务业中的研发和技术服务、信息技术服务、文化创意服务、物流辅助服务、有形动产租赁服务、鉴证咨询服务等六大类现代服务业，以及邮电通信中的邮政服务被先后纳入征收增值税，涉及收入规模约为地方税收入的10%左右。

在现行分税制体制下，营业税是地方税体系中的主体税、“当家税”，是地方政府最为重要、稳定和可持续增长的财政收入来源。2012年，全国营业税收入15751亿元，占全部税收收入的14.22%，占全部地方税收收入的50.23%。如果营业税全部实行营改增，按增值税75：25的分成比例计算，地方财政的体制性减收将高达11813亿元。目前，两轮营改增对地方财政影响还较为有限，尚在地方财力可承受范围之内，中央财政可以通过多种微调方式弥补地方收入缺口。如果继续扩大营改增范围，必然导致两大后果：一是影响企业负担与政府收入的稳定；二是影响中央和地方财力格局总体稳定。显然，营改增所涉及的不仅仅只是一个税制改革问题，还是一个分税制体制问题。由营改增引发的中央与地方之间财政关系失衡，需要通过构建地方税体系和完善分税制进行调整。

三、构建地方税体系的目标和原则

研究如何构建地方税体系，最为关键的是要对此轮改革的目标与原则有一个清晰明确的把握。因为只有明确了为什么改、改什么，才能解决好如何改、怎样改的问题。

实事求是地说，由于国情不同，世界各国的地方税体系虽然有些共同点，如大多以不动产税为主体、基于受益原则课征、方便地方政府管理等，但在具体税种配置上差别较大。如果按照中国“地方”的同一口径，将联邦制国家州一级税收配置的因素考虑进来，各国地方税体系的差别就更大。所以，改革、完善中国地方税体系不可能有既定的模式可循，改革的基本指导思想应当是：遵循地方税收配置规律，基于中国国情税情，体现十八届三中全会要求，有利于地方政府治理能力建设。

根据这样的指导思想，改革、完善中国现行地方税体系的总体目标是：以保持分税制体制和税收分配格局总体稳定为前提，以优化地方税制结构、增强地方税收实力为重点，构建起能够保障地方支出责任基本需要、有利于加强地方税源管控、合理引导地方政府行为、维护市场统一、促进社会公平的地方税体系。

具体地，新一轮地方税体系改革应当遵循以下原则：

第一，保持“两个稳定”原则。党的十八届三中全会要求，财税体制改革应当保持企业负担与政府收入的基本稳定，保持中央和地方财力格局的总体稳定。这是党中央、国务院着眼于我国现阶段经济、财政、社会、政治大局做出的英明决断。在构建地方税体系问题上，对作为地方主体税种的营业税是实行“大改”的全面营改增，还是实行“小改”的有限营改增，不仅关系地方主体税的“顶层设计”，还直接关系“两个稳定”。我们认为，推进营改增应以“两个稳定”为前提，尤其是在两轮营改增已基本解决不利于现代服务业发展的重复征税矛盾的情况下，没有必要以对现行分税制体制和商品劳务税制的“大动干戈”为代价，没有必要冒着影响“两个稳定”的潜在风险，而继续扩大营改增的范围，追求那种完全欧式、理想化的“消费型增值税”。显然，这种政策选择在战略上是弊大于利，甚至是得不偿失的。

第二，分级分税原则。分税制是通行于世界各国并与现代市场经济体制配套的政府间财政体制。分税制的精髓之一，是要在各级政府的事权与支出责任相适应的基础上，再根据各自支出责任的大小，配置相应的税种、收入和税权，以保障各级政府履行各自支出责任的基本税收需要。现行分税制体制存在的突出问题之一是，中央与省（市）之间的分税体制不稳定、不规范，缺乏有效的法律约束；地方各级之间的分税体制不到位、不合理，县（市）级税源虚弱。新一轮地方税改革及分税制体制调整，不仅需要进一步规范中央与地方之间分税体制的法律约束，更需要在总结“省管县”改革试点的基础上，按照分税制原则规范省以下财政体制，实现地方税种在省与县（市）之间科学、合理的体制配置。

第三，受益对称原则。政府征收地方税的实质性正义在于，地方政府为本辖区居民提供了地方性公共产品，如土地、住宅、道路、桥梁、供水、供电、供气，以及自然资源等，纳税人从中受益，因此，纳税人就应当根据各自享受利益的程度向地方政府缴纳法定的地方税费，中央政府也应当遵循受益原则进行分税制体制设计，并在涉税利益的体制调整过程中，不能因为某种财政需要而违背受益对称原则，损害地方利益。就我国目前税种的体制配置分析，除了已经划归地方的房产、土地、车船、自然资源等非流动性、受益性税种之外，现由国税局征收且收入划归中央的车辆购置税，也应当根据其地方税属性，在此轮改革中调整为地方税种。

第四，简化优化税制原则。一个简约、合理、高效的地方税体系，不仅有利于减轻和稳定纳税人负担，还有利于提高征管效率，便利于纳税人遵从。新中国成立以来的地方税体系基本上是沿着历史惯性逐步演变而来的，实事求是地看，1994年，税制改革并未进行科学的“顶层设计”，随后的20年中，也未进行认真的优化完善。因此，现行地方税体系存在着税种杂乱、制度陈旧、税基不实、税源重征等一系列问题。对于这些问题，在构建地方税体系的改革中，都应当按照现代地方税收理念和已经变化了的地方经济社会发展需要，该停征的税收要停征，该归并的税种要归并，该简化的办法要简化，该调整的税基要调整，该开征的新税要开征，以此实现整个地方税体系简化、优化、合理、高效的改革目标。

第五，科学引导地方政府行为原则。毋须讳言，因责任所致，各级地方政府也是“利益主体”，有着对自身税收利益的追求。因此，在地方税体系和分税制体制设计过程中，地方政府征什么税、如何征税，以及哪些属于地方税、哪些税在中央、省（区）、县（市）之间如何共享分成等制度性安排，无一不是引导地方政府行为的“方向标”和“指挥棒”。目前，一些地方政府行为表现出的种种扭曲现象，既与体制和不正确的政绩考核办法密切相关，也与现行地方税和分税制体制的某些缺陷不无关联。例如，饱受诟病的“土地财政”就与地方税比重低、现代房地产税制不健全有关；不重视资源节约和污染治理，就与地方收费混乱、“绿色税收”缺位有关。凡此种种，都需要遵循科学发展观的要求，重新审视、调整、充实、完善现行地方税体系和分税制办法，科学引导地方政府行为，使之做他自己该做的事。

第六，税费联动改革原则。不论是在中国还是外国，税收与规费（含基金）都是地方两级政府的主要财政收入来源。在大多数发达国家，税、费为平均比例，高的为7：3，低的为6：4。其中，规费征收的特点是立法确定、准税性质、直缴国库、预算管理。中国的情况则要特殊得多、复杂得多，在一些地方，政府对各类规费的管理不仅远未达到预算法治化程度，收费甚至成为部门用于养人、买车、盖楼、滥发津补贴的牟利手段。最为典型的如：已经实现费改税的交通部门养路费，以及目前仍由环保部门收取的排污费、水利部门收取的水资源费、城建部门对房地产业收取的规费等。这些收费名目繁多，但实际效果是不仅败坏政府法纪、加重人民负担、恶化社会风气，影响国家长治久安，而且收费还肢解政府预算，造成公共预算收入大量流失。所以，此轮地方税体系改革应当认真总结、推广燃油税改革的成功经验，大胆破除部门利益藩篱，对于凡是能够实行费改税的收费项目，坚决实行费改税联动配套改革。这是一场自我革命性质的硬仗，考验着各级政府的国家治理能力。

攻坚克难，加快个人所得税改革进程

孙钢，1950年5月生，财政部财政科学研究所研究员，中国财政学会常务理事。

一、我国个人所得税20年改革的简要回顾

1. 个人所得税20年改革的盘点

1994年1月1日起，我国将个人所得税、个人收入调节税、城乡个体工商业户所得税合并，实行了统一的个人所得税制。自那时起至今的20年中，个人所得税进行的主要改革措施如下：

（1）通过法律程序，对个人所得税的法律法规进行了多次修正或修订

全国人大常委会自1993年10月31日对《个人所得税法》进行第一次修正后，又分别于1999年8月30日、2005年10月27日、2007年6月29日、2007年10月29日、2011年6月30日进行了五次修正，大大多于其他税收法律的修正。如此频繁地修正个人所得税法律，反映了我国的个人所得税日益与民众的利益密切相关，立法机关顺应民意对个人所得税及时进行了法律调整。同时，国务院也分别于2005年12日19日、2008年2月18日、2011年7月19日对《个人所得税法实施条例》进行了三次修订。

（2）对税制进行了调整和完善

20年来，全国人大常委会及国务院主管机关对个人所得税税制进行了大量的调整和完善，主要举措包括：

• 三次提高了工资薪金的费用减除标准（由800元先后提高为1600元、2000元、3500元），使得90%的城镇就业人员不再纳税。

• 三次调整了附加费用标准（由4000元先后调整为3200元、2800元、1300元），使得国内外纳税人纳税待遇的差距有了大幅度的缩小，为最终实现“一视同仁”创造了条件。

• 针对居民收入差距调节的需要，调整了工资薪金所得及个体工商户生产经营所得的税率表，减少了税率档次，降低了最低税率。

• 根据稳定宏观经济运行的需要，1999年11月1日起恢复对储蓄存款利息所得征税，2007年8月15日起，对利息所得的税率由20%降为5%；2008年10月9日起，暂停对储蓄存款利息所得

征税。

• 为促进房地产市场的健康发展，明确居民转让住房所得须缴纳个人所得税；非继承关系的个人接受房产赠与须缴纳20%个人所得税。

• 调整征税范围，从2001年1月1日起，对合伙企业和个人独资企业改征个人所得税。

（3）完善了个人所得税征管法规

为加强并规范我国个人所得税的征管，国家税务总局印发了《个人所得税管理办法》（国税发〔2005〕120号），明确实行双向申报制度及全员全额纳税管理，对高收入者实行重点管理，并从2006年起，推行年所得12万元以上的纳税人自行申报个人所得税。此外，还完善了住房转让所得的征税方法等。

2. 改革目标明确，但改革进展缓慢

1994年，我国推行了统一的个人所得税制度，但从1995年就开始酝酿对个人所得税进行改革。1995年2月，财政部会同国家体改委和国家税务总局向国务院报告请示修改个人所得税，1996年5月，财政部提交了修订草案，明确了实行综合与分类相结合的个人所得税制的改革目标，且这一目标屡次出现在国家的五年计划中。例如，“九五计划”提出要“建立覆盖全部个人收入的分类与综合相结合的个人所得税制度”；“十五计划”提出要“建立综合与分类相结合的个人所得税制度”；“十一五规划”提出要“实行综合与分类相结合的个人所得税制度”；“十二五规划”提出要“逐步建立健全综合与分类相结合的个人所得税制度，完善个人所得税征管机制”。

从党中央的文件来看，2003年10月，党的十六届三中全会通过的《关于完善社会主义市场经济体制若干问题的决定》提出“改进个人所得税，实行综合和分类相结合的个人所得税制”。2013年11月，党的十八届三中全会通过的《关于全面深化改革若干重大问题的决定》再次提出要“逐步建立综合与分类相结合的个人所得税制”。

尽管个人所得税改革的目标早已明确，每年的“两会”上人大代表和政协代表都有加快个人所得税改革的提案，个人所得税改革每年都被列入国家的改革规划，但20年来个人所得税的改革始终没有实质性的进展，其中的艰难和阻力不能不令人深思。

二、我国个人所得税存在的问题及改革的难点

1. 个人所得税的定位尚不明确

个人所得税最早产生于1799年的英国，属于向少数有钱人征收的富人税。之后，个人所得税征收的范围不断扩大，至今已成为发达国家普遍征税的国民税。个人所得税之所以成为当今发达国家的主体税种，征收面广是重要原因之一，如加拿大，1998年的人口为2880万人，而个人所得税申报者就达到1900万人，其中，1370万人缴纳了个人所得税，占总人口的比重高达47.6%。

新中国的个人所得税是1980年实施的，那时的个人所得税是名副其实的富人税，据说当年缴纳个人所得税的国内居民不超过30人。然而时至今日，我国的个人所得税既不是国民税，也不是富人税。经过扣除额的多次提高，目前缴纳工资薪金所得的纳税人估计为3000万人左右，只占总人口的2.3%，占城镇就业人口的10%，远低于国外发达国家的水平。因此，我国的个人所得税不

是国民税。换一个角度来看，我国流转税的比重高达60%左右，多数国民承担的流转税远远高于个人所得税，因此，在目前的税制结构下，个人所得税也不可能成为国民税。

然而令人尴尬的是我国的个人所得税目前也不是富人税。何为富人，社会上尚无公认的标准，但现在税法要求自行申报个人所得税的是月均收入在万元以上的纳税人。在目前缴纳个人所得税的群体中，月收入在万元以下的纳税人占绝大多数（有人估计占90%），如果说这部分人也是富人，他们（尤其是月收入在5000元以下的）是绝难认同的。

个人所得税定位的模糊在一定程度上扰乱了个人所得税改革的方向。我国个人所得税如果定位于富人税，这意味着征税的门槛将进一步提高至万元以上，纳税人群将缩减至300万左右，个人所得税收入大幅下降，个人所得税成为小税种，那么，个人所得税的改革也就无足轻重了。这显然不是个人所得税改革的初衷。

2. 改革目标缺乏具体化

“建立综合与分类相结合的个人所得税制”的改革目标反复讲了近20年，但权威领导或权威部门始终未能向老百姓解释或说明什么是综合税制？什么是分类税制？两者为什么要相结合？以及如何相结合等问题。个人所得税的几大税制模式都是理论上的概括，在现实中，纯粹的综合税制或纯粹的分类税制基本上不存在。各国都是根据本国情况，对部分所得实行综合征收，对部分所得实行分类征收，区别仅在于是综合部分多一点还是分类部分多一点。从这个意义上讲，各国实行的都是“综合与分类相结合”的税制。

因此，就我国的个人所得税改革而言，笼统地讲“建立综合与分类相结合的税制”没有实际意义，倒不如明确哪些所得实行综合征收，哪些所得实行分类征收，综合与分类如何相结合，这样或许可以使个人所得税改革的方案更易明朗，使个人所得税改革能有实质性的推进。

3. 税制设计不科学，调节不周，加大了税负不公平

分类税制按不同所得分别设置税率表，分别征税，互不相干，这既是分类税制的特点，也是分类税制产生税负不公平的根源。因此，分类税制对应税所得分项的设计要求很高，应税所得分项越多，越可能导致税负不公。国际上实行分类税制的国家一般只将应税所得分为3～5项。我国的个人所得税其应税所得分为11项，从一开始就存在制度性不公：

一是在11个应税所得项目中，至少6项有法定的单独扣除，这意味着所得项目越多，扣除次数及数额越多，导致所得额相同而纳税额不同，造成税负不公。

二是不同所得项目税率匹配不合理，导致明显的税负不公。如在最新的税率表下，工资薪金月所得超过8万元的部分即按45%纳税，个体工商户的月均生产经营所得超过8333.33元的部分就要按35%的税率纳税，而超过百万元甚至高达上亿元的巨奖却只按20%纳税。

三是扣除额设置理念不清。设置扣除额的本意，在于保障纳税人及其赡养人的基本生活需要。我国实行单一且统一的扣除额，尽管考虑到了家庭的平均支出水平，但无法适应各个家庭的不同情况，实际上扩大了家庭收入的差距。

四是在一些应税所得与免税所得之间差异过大。如在征收储

蓄存款利息税时，即便5分钱的存款利息也要扣1分钱的税，而同样是在银行购买的理财产品，其收益无论多少都不用纳税。

五是近年来的几次税制调整考虑不周，产生了新的税负不公平。如工资薪金所得的扣除额目前已经提高到了3500元，但劳务报酬所得的扣除额仍旧维持在800元及20%不变，这使得相当一部分以劳务报酬所得为唯一收入来源的纳税人，其税收负担明显偏高。

4. 征管的体制机制难以适应新税制的需要

首先，从征管体制来看，个人所得税的征管由地方税务机关负责，但个人所得税收入由中央与地方共享。共享收入以省为界，各地对个人所得税的征管基本采取属地主义原则，只关心省内税源，对纳税人省外信息获取的积极性则不是很高，这恐怕也是地税征管系统之间未能联网的一个原因。但由此却造成了纳税人信息的不完整和碎片化，延误了个人所得税的改革。

其次，从征管机制来看，现行个人所得税的征管主要依靠企事业单位的代扣代缴，或者沿用对企业的征管办法，即依据票据和账簿来核查纳税人的申报。在新税制下，税务机关将面临大量的纳税申报，但目前尚不具备审核大规模纳税申报的能力和手段。征管能力的落后与不足将大大制约个人所得税的改革进程。

三、加快个人所得税改革的思路与建议

1. 有选择性地借鉴国际经验

个人所得税在发达国家已经是比较成熟的税种，借鉴国际经验对加快我国个人所得税的改革很有必要。目前一提到借鉴国际

经验，许多人的目光都投向美国、欧洲或俄罗斯，笔者认为，国际经验能否有效借鉴与本国的历史文化背景不无关系。就我国的历史文化背景来看，与日本、韩国、中国台湾等周边的国家和地区较为接近，因此，这些国家和地区实行的个人所得税的经验可能更容易为我们借鉴并实施。

2. 个人所得税的定位

为充分发挥个人所得税的调节功能，我国个人所得税的远期目标应该定位为国民税，近期虽然做不到，但也不宜把个人所得税定位为富人税。为了逐步提高直接税的比重，近期不宜再缩小个人所得税的征收面，在这种情况下，不如暂时把个人所得税定位为工薪税。国际上个人所得税的主体都是工薪所得，而我国目前个人所得税的主体也是工薪所得，只是工薪所得的比重还大大低于发达国家。

3. 个人所得税税制模式的具体化应更多考虑中国的国情

根据“由易到难”“循序渐进”的原则，我国个人所得税的改革，即由分类税制走向综合与分类相结合税制的进程中，综合的范围可由窄到宽，逐步推行，如初期可以劳动报酬所得为综合所得，包括工资、薪金、奖金、劳务报酬、稿酬、经营所得、承包所得、佣金、回扣、交易手续费、年金所得、奖励性期权行权所得等，这实际上已经将现行个人所得税11项应税所得中的4项综合在一起了。至于实行分类征收的所得可分为三项：资本收益所得、偶然所得和其他所得，具体内容限于篇幅不在此赘述。

4. 对扣除额进行合理细化

借鉴日本、韩国的做法，结合我国的国情，可将扣除项目分为生计扣除、成本扣除及特许扣除三类。生计扣除也称基本扣除，是指每一人口的扣除额。成本扣除按实际发生额确定，特许扣除则依据特定的社会政策。从当前来看，成本扣除可继续按现行税制的规定执行；特许扣除项目可保留目前执行的"五险一金"以及公益救济性捐赠，去除对外籍人员的附加扣除，增加对伤残人员的特别扣除，以体现政府对这部分人的特殊关怀。生计扣除除规定一般人口的扣除额外，对于高中生、大学生、70岁以上的老年人口可提高扣除标准，以补充上述人口在教育支出、养老支出上的需要。如果扣除项目设计合理，实行按家庭纳税的必要性就大大降低了，甚至是不必要了。

5. 合理确定各项所得的税率

税率是个人所得税税制的核心要素之一，也是体现调节力度的主要标尺。基本思路是高低有别，引导意图明确。具体建议是：

第一，综合所得项目的税率表在合并现行工资薪金所得及个体工商户所得两张税率表的基础上进一步简化，税率档次不超过5档，保留3%的最低税率，将最高税率降至35%。

第二，资本收益所得及其他所得分设10%、20%两档税率。10%为优惠税率，适用于满足政策要求的情况，如居住满5年的房屋转让、持股1年以上的股息红利等。

第三，偶然所得实行超额累进税率，最高税率可超过50%。

6. 构建适应新税制的征管机制

相对于税制改革的思路与设计，征管改革的难度要大得多，直接关系到税制改革的意图和措施能否落实。征管机制改革的内容很多，主要包括：

（1）构建有效的个人所得税征管新体系。包括纳税的宣传、辅导、登记、申报、审核、汇算清缴等的流程再造，建议以个人年度纳税申报为新体系构建的突破口，围绕申报建立或完善相关的制度措施。新征管体系不仅要提升适应征管的软硬件技术，提高操作能力，还需要相关人力的补充，加强业务培训。

（2）构建联网的纳税人信息平台。包括三方面内容：一是建立纳税人号码制度，这是建立纳税人信息档案的前提和基础。纳税号码应具有唯一性的特点，以确保纳税人信息的准确性。二是该系统不仅具有纳税人信息的归集功能，还包括信息的查询、比对、处理、反馈功能，以满足征管工作的需要。三是出于纳税人信息保密的需要，须对信息分级并设置信息查询提取的不同权限。当然，纳税人信息的获取需要个人财产登记制度的建立，以及工商、银行、劳动等协税部门的协助与配合，但税务部门不能坐等相关制度的建立及相关信息的提供，而应在将现有信息先期输入系统的同时，通过各种渠道主动获取纳税人信息，以便及时满足改革进程的需要。

我国石油行业1994年以来税制改革二十年成果与展望

刘戬，1960年9月生，中国石油天然气集团公司财税价格部总经理。

非常荣幸能够参加今天的税制改革20周年座谈会，首先我代表中国石油对国家税务总局和各位领导、专家在税制改革中对我国石油行业发展的大力支持表示由衷的感谢。这次会议，为我国税制改革做出卓越贡献的领导、专家齐聚一堂，一起回顾20年来我国税制改革的光辉历程，共同展望和谋划未来税制改革，具有重大意义和深远影响。下面，我就20年税制改革与石油行业的发展做简要发言。

一、20年税制改革与石油行业的发展

1994年的税制改革，全面改革了货物劳务、企业所得和个人所得税制，为我国税制改革奠定了坚实基础。2000年以来又相继完成了企业所得税立法和个人所得税法修订，实施消费型增值税和营业税改增值税，以及资源税制改革等多项重大改革。在税制深化改革的大背景下，国家出台一系列政策，给予石油行业大力支持，促进了我国石油行业健康可持续发展，切实保障了我国能源安全。

1994年，制定了《出口货物退（免）税管理办法》，对企业出口货物实行免征增值税和出口退税，提高了我国产品的国际竞争力，有力支持了中国产品包括石油物资装备“走出去”，使中国经济通过物流和世界经济融为一体。

在1994年个人所得税改革过程中，规定采掘业等特定行业职工的工资薪金所得，按12个月平均计算应纳税款，充分考虑了行业特殊性，切实减轻了职工负担。

2000年，制定了《油气田企业增值税暂行管理办法》，对油气田企业率先实行准消费型增值税政策，理顺了油气行业增值税流转链条，促进了石油行业健康发展。

2001年，对部分中央企业实行合并纳税政策，创造性地提出“统一计算、分级管理、就地预交、集中清算”的管理办法。实现了税收公平，减轻了企业负担，支持了石油行业重组改制和转型升级。

2004年，规定对石油石化企业办社会支出允许在企业所得税前扣除，充分考虑国有企业承担社会化支出的实际，切实减轻了企业办社会负担。

2007年，规定对煤层气实行增值税先征后退和暂不征收资源税，并按0.2元/立方米进行补贴，对鼓励开发非常规天然气，促进国家能源结构调整和安全环保起到重要作用。

2008年，对用于乙烯、芳烃生产的石脑油免征消费税，还原了消费税引导消费方向的本质作用，大大降低了乙烯与芳烃类产品成本，进而降低了塑料、电子器件和包装材料等下游产品的生产成本，有力促进了我国石油化工行业发展。

2009年起，对油气田企业开采原油耗用的内购成品油全额返还消费税，对炼化企业在成品油生产过程中耗用的成品油免征消费税，避免了对成品油生产的重复征税。

2010年起，对我国石油企业在境外从事油气资源开采，实行五级以内"不分国不分项"的综合抵免办法，有力支持了石油企业"走出去"，为鼓励企业从国外获取资源、保障国家能源安全发挥了积极作用。

在2011年资源税改革中，对稠油、高凝油、高含硫天然气，以及三次采油、低丰度油气田和深水油气田减免征收资源税，促进了边际油田的勘探开发。

在2012年实施的营改增中，规定对管道运输业实际税负超过3%的部分实行即征即退，充分考虑了企业实际情况和税负水平，保障了国家重点管道工程顺利建设与运行。

以上这些税收政策，仅仅是我国20年来税收制度改革推动石油行业健康发展的一些例证。在实际工作中，税务机关对石油企业的帮助与支持绝不仅限于此。在我国税收政策和各级税务机关的大力支持下，中国石油贯彻落实中央决策部署，不断做大做强，公司战略布局、规模实力、国际竞争力和社会影响力大幅提升。

从2000年到2013年，中国石油的资产总额从6565亿元增加到37574亿元，增长472%；营业收入从3451亿元增加到27593亿元，增长700%；利润总额从505亿元增加到1880亿元，增长272%；净利润从250亿元增加到1408亿元，增长463%；实现税费从696亿元增加到4126亿元，增长493%。中国石油在《财富》世界500强排名从2001年第83位上升到2014年的第4位；在《石油情报周刊》世界50大石油公司排名从2001年的第10位上升到2014年的第4位，中国石油已成为一个国际化的中国公司。

2013年，中国石油资产总额占全部中央企业的1/9，实现收入占全部中央企业的1/8，实现利润占全部中央企业的1/7，实现税费占全部中央企业的1/5。中国石油上缴税费占全国财政收入的3.3%。

税制改革促进和支持了企业发展，企业发展也促进和支持了财政收入的增长。我国20年税制改革在支持企业发展的同时，也培育了可持续增长的税源。中国石油实现了做大做强，也为国家财政收入的增长做出了重要贡献，有效地承担了国家建设的经济、政治和社会责任。

二、对未来税制改革的建议

党的十八届三中全会通过的《中共中央关于全面深化改革若

干重大问题的决定》以及中共中央政治局通过的《深化财税体制改革总体方案》，为我国未来财税制度改革指明了前进的目标与方向。明确要求优化税制结构、完善税收功能、稳定宏观税负、推进依法治税，建立有利于科学发展、社会公平、市场统一的税收制度体系，充分发挥税收筹集财政收入、调节分配、促进结构优化的职能作用。

石油作为全球性的资源产品，已经形成了充分活跃的国际市场。在我国石油资源相对紧缺、依赖进口的情况下，中国的石油企业必须拥有与国际大石油公司相等的竞争力，才能健康发展和保障国家能源安全。结合十八届三中全会精神和企业实际情况，提三点建议：

（一）国内税收政策方面

随着国内油气资源勘探开发程度的加深，油田开发进入高含水、高采出程度的“双高”阶段。国内已探明的石油储量中，低品位储量达到一半以上，自然递减加快。中国石油的单井日产由2000年的4.2吨降低到2013年的2吨，降幅达52.4%。为了维持每年1亿吨的原油产量，中国石油的油井数量由2000年的8.1万口增加到2013年的21.3万口。划拨用地平均成本从2000年的17.5元/平方米增加到2013年的106元/平方米，增长了506%；土地使用税从2000年的3亿元增加到2013年的36亿元，增长了11倍。此外，石油特别收益金开征和资源税改革大幅增加了企业生产成本，使企业效益严重下滑，负债大幅上升。加之国内油气资源品质劣质化，资源条件复杂化，安全环保要求不断提高，地方政府利益诉求日益增多，石油行业发展面临着前所未有的困难。建议：

1. 清费立税，取消不合理收费项目

目前中国石油除了上缴国家统一规定的17项税收和国有资本收益外，还要缴纳种类繁多、功能重叠的各项收费。包括石油特别收益金、探矿权使用费、采矿权使用费、矿产资源补偿费、水土流失补偿费、价格调节基金、河道维护费等。大多数收费与相关税收功能重叠，应予取消。对于确实有必要征收的，也应通过税收立法和建立地方税体系进行完善。

2. 允许全资子公司合并纳税，促进企业做大做强，实现税收公平

2008年10月，财政部、国家税务总局联合下文规定2007年前经国务院批准实行合并纳税的企业集团，从2009年1月1日起一律停止执行合并纳税政策。

随着企业集团生产规模的扩大和经营业务的多元化，客观导致集团内部企业盈亏不均。我国一些大型国有企业重组改制后，主营业务迅速发展，盈利能力较强，而非主营业务由于历史原因往往承担亏损。一方面盈利企业需要缴纳大量企业所得税，另一方面内部企业的亏损却得不到弥补，面临着生产经营的巨大困难，从而造成集团整体税负远远大于法定所得税率，最终导致竞争力下降，阻碍了企业集团的健康可持续发展。

美国允许企业集团对控股80%以上的子公司实行合并纳税；澳大利亚允许企业集团对全资子公司实行合并纳税；英国允许对控股75%以上的子公司实行合并纳税，都较好地实现了税收公平。为促进税收公平，不因公司注册形式不同而增加税收负担，建议允许企业对全资子公司实行合并纳税。

（二）国际税收政策方面

2014年6月，习近平总书记主持召开中央财经领导小组会议，研究我国能源安全战略。习总书记发表重要讲话，强调务实推进“一带一路”能源合作，加大中亚、中东、美洲、非洲等油气的合作力度。我国税制改革20年中，双边税收协定的签署、出口退税政策和石油行业境外所得综合抵免政策都有力支持了石油企业“走出去”。

中国石油在中央“走出去”战略的指引下，积极拓展海外业务，目前在海外34个国家运营89个油气项目，初步形成了中亚-俄罗斯、中东、非洲、美洲、亚太等五大油气合作区，中亚、中俄、中缅等四大油气战略通道，亚洲、欧洲和美洲海外三大油气运营中心顺利启动和建设，2013年，海外油气作业产量达到1.23亿吨，权益产量达到5920万吨，保障了我国能源的安全供应。但我国石油企业海外业务的发展也面临着资源国政治、经济、税收、货币等一系列经营风险，需要国家给予进一步政策支持，建议：

1. 对国家战略行业海外业务实行免税法

免税法，是指国家对本国居民企业来源于境外并已由外国政府征税的所得，免征本国所得税。国际上，法国、荷兰、西班牙、挪威、瑞典、马拉西亚等国家都采取了“免税法”，有效减轻了本国企业海外投资的税收负担。

我国企业在海外投资过程中，要面临中国和投资所在国的双重税收征管。避免双重征税，是支持企业“走出去”急需解决的税收问题。目前，我国对企业取得的境外所得采取“抵免法”，但仍无法完全消除国际双重征税问题，增加了企业负担，税收征管和计算程序复杂。

为落实党的十八大精神，支持国家战略行业加快“走出去”步伐，有效减轻企业负担，培育世界水平的中国公司，建议加强对国外公司在中国经营和转让定价的税收管理，同时对我国战略性行业海外业务采取免税法。

2. 完善中国居民个人境外所得国内所得税纳税管理办法

我国居民个人从境外获取收入的方式多种多样，居民个人在收入来源国的完税情况各不相同，收入来源国的税收监管水平参差不齐，不同国家的境外生活成本千差万别，中国居民境外身份也多种多样，加之部分国家完税凭证难以取得、境外已纳税款抵免程序复杂、申报程序规定难以执行等问题，以及税务机关对居民个人复杂多样的境外所得监管手段有限，完整的税收监管体系尚未建立，造成我国居民个人境外所得国内纳税申报难以实施。

为使我国纳税人能够依法履行纳税义务，建议完善中国居民个人境外所得国内所得税纳税管理办法，对现阶段个人境外工资薪金等勤劳所得低于一定标准的实行免税，加强对高收入人员的监管。

（三）完善税收征管，提高纳税服务水平

税收征管能力是国家治理能力的重要组成部分，税收征管能力和纳税服务水平的高低，影响到企业能否做大做强，影响到国民经济能否健康发展，甚至影响到社会主义现代化建设和中国梦能否顺利实现。税收征管和纳税服务是一个问题的两个方面，税收征管是税务机关依法对企业纳税行为实施管理与监督，纳税服

务是税务机关主动帮助企业更好地理解税法、执行税法，税收征管和纳税服务的根本目的都是为了使纳税人能够准确、顺利、便捷地依法履行纳税义务，提高税收效率和税法遵从度，而不是将税务机关与纳税人对立起来，通过“税收检查”的大棒实现征税目标。

建议通过以下两个方面完善税收征管，提高纳税服务水平。

一是税收征管应做到精准无歧义。目前我国在税收征管中，对部分税收政策企业与税务机关理解不同，各地税务机关之间理解不同，税务征管与税务稽查机关理解不同，审计部门与税务部门理解不同，造成企业执行困难，面临巨大风险。因此，应在税收征管中对存在歧义的税收政策统一理解与认识，这样企业才能做到有法可依、依法纳税。

二是提高对大企业的纳税服务水平，简化管理、方便纳税人。目前大型企业集团需要面对大量税务机关的监管，中国石油要面对9600余个税务机关的监管，增加了企业依法纳税的工作量和管理难度。国家税务机关和大企业都是国民经济发展的支柱，企业做大做强是国民经济增长的动力，也是财政收入的源泉和主要贡献者，大企业税收管理的质量和效率直接关系到整个税收工作和经济社会发展大局。建议我国深化税收征管改革，由国家大企业税收管理部门对大企业实施全职能模式的税收管理，对包括纳税申报、税收事项备案审核与审批、税款征收、风险评估、税收检查与审计、纳税服务等各项职能实行统一归口管理。

总之，20年来，我国税收制度改革取得了举世瞩目的巨大成就，为我国社会主义建设、国民经济发展和人民生活水平提高做出了卓越贡献，同时也为石油行业的健康发展提供了有力支持和良好环境。在十八届三中全会精神指引下，在国家财税主管部门的高瞻远瞩和推动下，我国未来的税收制度改革必将与我国经济发展和企业实际更加契合，为企业创造客观公正、公平的市场环境，支持企业成长和做大做强。

地方税体系完善与“营改增”前瞻分析

汤贡亮，1945年12月生，中央财经大学税务学院原院长，中国财税法学研究会副会长，中国国际税收研究会常务理事。

一、理顺中央与地方收入划分，构建中国地方税体系的重要性、紧迫性

在现代市场经济条件下，建立完善的地方税体系是正确处理中央和地方财政分配的重要条件。

我国现行地方税体系是1994年税制改革和推行分税制财政体制中建立起来的，通过

按税种划分中央和地方的财政收入，建立了以营业税为主体的省以下地方税架构体系，初步规划了中央与地方之间的财税分配关系。

从中国实际出发，引进和实施增值税是1994年推进社会主义市场经济体制税制改革中的标志性成果。1994年的税制改革为我们当前建立现代财政制度奠定了基础，1994年税制改革的成果和积极影响是应予充分肯定的。

我国地方税体系薄弱，是1994年税制改革尚未来得及解决的一个“历史遗留问题”。目前，我国地方税体系存在的问题较为突出，主要表现在：

（1）地方税收入规模过小，税种偏少，收入能力偏低，使地方税收入占地方财政支出比重不到30%，占地方财政收入的比重不超过55%。

（2）地方税体系缺乏主体税种。一直以来，营业税都是地方税体系中最为核心的收入来源，如果全部“营改增”，地方税体系将会失去最为重要的收入来源与支撑。

（3）一些地方税种在制度设计上不能适应经济与社会发展需要，如现行房产税、城镇土地使用税、耕地占用税等地方税制明显老化。

（4）税权配置有待进一步完善，中央赋予的地方税收管理权限过小，影响到地方政府因地制宜地开辟税源，也影响到未来地方税种在中央统一税政、统一立法的前提下，制定符合本省情况的实施细则和保障省级财政预算收支的平衡。

（5）地方税种立法层次低，地方税收法律体系不健全。

以上多属于税收制度层面的问题，需要通过全面构建和完善地方税体系、地方税收法律体系来解决。目前，地方政府自有税源不足，体制外土地收入激增，转移支付透明度不高，地方税地区差异扩大，在经济增长方式转变的形势下，迫切需要完善财税分权体制，完善分税制，理顺中央地方财政税收关系。

如何在中央政府和地方政府之间合理配置税权，既使中央政府具有实施宏观调控和提供全国性公共产品所需的财力，又使地方政府具有与履行地方公共事务责任相匹配的财力，是完善分税制财政体制的根本问题，也是完善地方税体系的核心。

2003年10月，党的十六届三中全会通过了《中共中央关于完善社会主义市场经济体制若干问题的决定》，明确指出："在统一税政的前提下，赋予地方适当的税政管理权。"2011年"十二五"规划有关税收改革的规划中明确指出"加强县级政府提供基本公共服务的财力保障……逐步健全地方税体系，赋予省级政府适当税政管理权限。"适当下放地方税政管理权是中国市场经济发展与改革的迫切需要。

2013年11月，党的十八届三中全会《中共中央关于全面深化改革若干重大问题的决定》特别指出，要"落实税收法定原则"，"深化税收制度改革，完善地方税体系，在保持现有中央和地方财力格局总体稳定的情况下，理顺中央和地方收入划分。"有鉴于此，理顺中央与地方财税关系，完善地方税体系建设，明确地方主体税种，提高地方财政自主能力，就成为1994年税制改革20年后的今天亟须关注并努力予以解决的重要问题之一。

问题是按照税收法定原则，凡税收工作必定要有税收法律依据，那么，中央《决定》和"十二五"规划所提"赋予省级政府适当税政管理权限”应有怎样的税法依据方能落到实处？又应怎样在保持现有中央和地方财力格局总体稳定的情况下，完善地方税体系呢？

二、从国际视角看我国地方税体系的完善

（一）地方税体系的国际比较

国际上一些国家在各级政府间的税收权限、财力配置、税种选择等方面虽然存在较为明显的差异，但总体来说，具有如下几方面的共性与特点：

1. 具有相对独立的地方税体系

各国的地方税体系是整个国家税制不可缺少的重要组成部分，普遍设有中央固定税和地方固定税，且地方一般都具有若干主体税种，形成相对独立健全的地方税体系。

2. 有明确的主体税种

若干国家选择财产税为地方主体税种，也有以所得税作为地方主体税种。

3. 集权与分权有机结合，通过法律清晰税收权限划分

各国多倾向于集权与分权的有机结合，一般是中央税占主导地位，都适度分权，无论是联邦制还是单一制国家在财政体制、税权划分等方面都有明确的、具体的法律规定。

税权划分大致分为三种类型：一是以美国为代表的税权分散型；二是以德国、法国为代表的中央集权型（但也出现了向地方适度分权的趋向）；三是以日本为代表的适度分权型。

（1）美国由宪法明确规定了联邦、州、地方三级政府各自拥有的独立的税权，地方政府的税收立法权集中在州政府，但地方政府的税权受到上位法律的监督和制约。

（2）法国是单一制国家，传统上实行中央集权体制。长期以来，法国的税收立法权、执行权和收入分配权曾经长期高度集中于中央。1982年，法国对中央和地方关系进行了一次重大改革，通过了《权力下放法案》，将印花税等地方税种下放，由中央高度集权向扩大地方税收自主权发展。2003年，法国修改宪法，承认领土单位具有条例制定权，将领土单位的财政自治上升为宪法原则，规定："领土单位享有可依法律规定条件自由支配的收入"（税收收入和其他自有收入），还规定："对于每一类领土单位，地方政府税收收入和其他自有的收入应占其总收入的决定性部分"（宪法第72-2条第3款）。使法国宪法直接对地方政府的税收立法权做出了规定，使其有了宪法依据。地方政府的自主管理原则是法国宪法确认的一项宪法性原则。

2003年的修宪是法国进一步实行地方分权的新起点。这一次修宪使法国地方政府的税收立法权得到了明显加强。宪法承认其国内各领土单位具有条例制定权，即修改后的宪法第七十二条第三款规定："依照法律规定的条件，这些领土单位由选出的议会自主管理，并且，为行使其职权，其拥有条例制定权。"

2003年修宪新增加的第72-2条第2款规定："地方政府单位可以接受各种性质赋税的全部或部分收入。法律可以准许地方政府单位在法律确定的限度内确定其税基和税率。"根据这一规定，对地方政府可以享有全部或部分税收收入的各种性质的赋税，国家议会可以授权地方政府审议机构表决决定税率，确定税基，进一步加强了地方政府的财政与税收的自主程度，地方在税收自主权上有逐步扩大的趋势。[①]

（3）日本的行政机构分中央、都道府县和市町村三级。中央与地方政府的职责划分与财政支出范围比较明确，并通过法律加以规范。日本税制具有明显的地方自治与中央集权相结合的特点，绝大部分地方税种均由“地方税法”规定标准税率或税率上限：各地方议会可以选择开征“地方税法”中列举的税种，对少数法外普通税，地方具有一定的开征权，但须将草案报经中央政府主管各地方自治事务的自治省审查，得到自治大臣的许可。

（二）国外地方税建设的经验借鉴及完善，我国地方税收法律制度的思路与建议

中央政府宜赋予地方政府首先是省级政府适当的税政管理权，特别是一定的地方税收立法权同时建立权力制约机制，防止税权滥用。

1. 税收立法权的相对集中和税收征管权相对分散相结合的原则。

2. 中央集权的主导性和地方适度分权相结合的原则，无论是联邦制国家还是单一制国家，中央向地方适度扩权是基本趋势。

3. 税权划分法制化的原则。对于税收立法领域，特别是授权划分领域中的重大基本问题，国外立法实践一般通过制定法律的方法来解决，通过法律制度的规定保证地方政府有充足的税收收

① 金邦贵：“欧盟国家地方税立法权（以法国为例）”，载于《联合国开发计划署中国促进减贫的财税能力建设项目“地方税制改革中长期建设”总报告研讨会论文集》，国家税务总局税收科学研究所、财政部税政司，2008年6月24日。

入的来源以确保省级政府预算收支的平衡。一是在宪法中作出明确规定；二是制定专门的《税收基本法》，如：德国于1919年，日本于1962年分别制定了《租税通则法》与《国税通则法》。制定《税收基本法》（《税法通则》），以法律的形式规范中央和地方税收管理的权限，进一步明确地方税的性质、立法原则、管理体制等；三是制定《地方税法》，如日本。

合理划分中央和地方税权，适当下放地方税收立法权的思路与建议：

1. 中央与地方税权划分的模式选择——基本集中、适度放权。

所谓基本集中，就是凡属全国性开征的税种，其立法权应当集中于中央，由全国人大统一立法。所谓适度放权，就是赋予省级政府适当的税政管理权。

2. 完善两级分权，探索三级分权。

实现适度放权，要分两步走。首先，要完善中央与省之间的两级分权。具体包括：

（1）赋予省级人大立法征收区域性税种的权限。但为了保障和维护全国税政的统一，应当报经全国人大依法审查和批准。2007年，受全国人大财经委员会的委托，所完成的《中华人民共和国税收基本法（专家稿）》建议在《税收基本法》中规定，全国人大认为必要时可授权省级人大根据当地的区域、资源特色，有决定开征区域性地方税种的权力，同时须保障和维护全国税政的统一。或由省、自治区、直辖市人民代表大会在认为必要时向全国人大提出申请，报经全国人大常委会备案和批准后做出授权决定，使地方拥有适当的税收立法权并处于中央的监督和约束之下。

（2）赋予省级人大（省级政府）适当的税政管理权。我们理解应当包括一定的税收立法权、适当的地方税种开征、停征权，税目、税率调整权，税收优惠调整权，税法实施细则制定权和税收征管权。对全国统一开征的地方税种，其税收立法权应由中央掌握，但可允许地方（省级）拥有在中央既定的税率浮动范围内确定本地区使用税率的权力；对于税源较为普遍，税基不易在地区间转移的地方税种，如房产税、城镇土地使用税、车船税、耕地占用税、城市维护建设税等，中央只负责制定基本法律，其实施细则、税目、税率、减免调整及征管权限可赋予省级政府。

因此，建议继续积极推进《税收基本法》（或《税法通则》）的立法进程，争取列入全国人大立法规划，使中央《关于全面深化改革若干重大问题的决定》所提赋予地方适当的税政管理权和“十二五”规划所提“赋予省级政府适当税政管理权限”得以具体实施。

三、“营改增”前瞻分析——关于推进“有限‘营改增’”与完善地方税体系的思考

在全国第一轮“1+6”行业“营改增”试点已经完成的基础上，针对铁路运输、邮政电信的第二轮试点目前也已展开。首先，应当充分肯定“营改增”试点的积极成效，涉及“营改增”的经济总量效应、财政收入效应、经济结构效应、产业效应和民生效应等现都已凸显。“营改增”的试点，基本解决了绝大部分

现代服务业的重复征税问题，适度降低了部分小微企业的税收负担，推进了我国增值税制度的进一步完善。

目前，围绕“营改增”的税制改革正在稳步推进。对于1994年推进我国社会主义市场经济体制标志性成果的增值税，作为我国主体税种的增值税，当前亟须按照中央十八届三中全会《关于全面深化改革若干重大问题的决定》精神，“推进增值税改革，适当简化税率”，并在深化改革中落实税收法定原则，推进增值税立法。

“营改增”的推进直接关系到财政体制问题，“营改增”所涉及的不仅是税制改革问题，还是一个分税制财政体制问题，“营改增”倒逼分税制财政体制，其引发的中央与地方财政关系的结构失衡问题，需要通过完善分税制体制进行调整。

为贯彻党的十八届三中全会《关于全面深化改革若干重大问题的决定》关于“稳定税负”，“保持现有中央和地方财力格局总体稳定”，“进一步理顺中央和地方收入划分”的要求，建议两轮“营改增”到位后，应当暂缓进行下一轮“营改增”扩围试点，而要作充分的调研和分析。

（一）推行“有限‘营改增’”的理由

1. 若全部“营改增”，地方财政将形成很大的收入缺口。“营改增”减税效应的另一面是现行税制结构的重大变化，这一变化必将动摇现行地方财政收支平衡的基础，届时地方政府将面临财政困境。

营业税目前仍是地方财政的主体税。2012年，全国营业税收入15751亿元，占全部税收总额的14.22%，占全部地方税收收入的50.23%，是地方税收的主要来源。增值税属于共享税，如果营业税全部实行“营改增”，并按75：25的分成比例计算，地方财政要减收11813亿元。如果全部“营改增”，将营业税整个都纳入增值税，将会对地方政府收入的来源造成很大的影响，它所带来的地方政府税收收入的缺口弥补问题就成为地方税主体税种的选择必须考虑的重要因素，成为继续推进“营改增”绕不过去的坎。那么，究竟怎样才能解决这个问题？选择什么税种可以取代营业税成为地方税主体税种，以保持中央与地方财力格局总体稳定是一个大难题。因此，在“营改增”背景下，完善地方税体系，确立地方税主体税种就已成为当务之急。

若全部“营改增”，“十二五”末全面扩展到位，营业税将完全退出历史舞台，按照现行税种归属划分，地方税主体税种的这种“迷失”现象将困扰地方政府的财政收支行为。

2. 两轮“营改增”实施到位后，就能够基本解决围绕制造业、文化产业、现代物流产业等业务中存在的重复征税的矛盾，有利于现代服务业发展，因此，“营改增”已经基本实现了改革所要达到的目标，继续扩大“营改增”已无经济上和改革上的特别必要。

3. 从试点情况看，过渡性财政扶持政策在基层难以到位，企业税负上升问题未能有效解决。如果“营改增”继续扩大到其他服务业，税率档次还将继续增加。过于复杂的税率制度既不符合增值税的内在规律，也与简化税率、稳定税负的要求相悖。

4. 对于目前仍然保留征收营业税的部分行业，如果继续推行“营改增”，必须考虑如何从税收管理上有效解决以下问题：金融业改征增值税的困难是无法像普通商品交易那样按一个时点确定销项税额和进项税额，因此，无法实行凭发票抵扣进项税额这一增值税核心制度，金融保险业如何征收增值税是欧共体国家至今未能解决好的难题，因此金融业最好的办法权衡后仍是征收营业税为宜。建筑、安装行业层层转包、管理无序，如果改征增值税，征管难度很大。销售不动产如果改征增值税，进项纳入抵扣范围，如要保证财政收入稳定，势必需要提高现行增值税税率水平，而这与党的三中全会《关于全面深化改革若干重大问题的决定》“稳定税负”的要求不相适合。娱乐业、餐饮业、旅店业等服务业的小微企业数量巨大，财务管理水平低下，无法纳入增值税抵扣链条，仍适合采用与现行营业税完全相同的定率简易征收办法。如果对近95%的小型业户都采用定率简易征收办法，那么，对这类行业实行“营改增”就失去了意义。

5. 在“营改增”背景下，从对构建地方税体系会涉及的具体税种的分析中可以看出：

第一，营业税是一个遍及世界各国和地区的传统流转税，在现行分税制体制中营业税是地方税体系中的主体税，是地方政府稳定的财政收入来源，我们建议对其不能轻易取消。即对于目前尚未实行增值税的，适宜于简易征收的营业税项目继续征收营业税，暂时保留增值税和营业税“两税”并征格局，继续维持营业税的地方主体税地位。

第二，创设零售销售税。但增值税与销售税并行征收个案极少，理论上还说不通，而零售销售税如何划分产制、批发环节销售与商品销售，又有较大的征管难度，需进一步研究。

第三，适当扩大现行消费税范围，将征收环节由单一生产环节调整为部分品目在产制或零售环节征收的制度，并改为地方税。但消费税是特殊调节的税种，从理论上讲消费税不太适合作为地方税，而占消费税收入80%以上的烟、酒、油等三大品目的消费税如不能改在零售环节也不能放置在工业产制环节征收，这样能够在零售环节征收并作为地方税收收入的又不足于弥补“营改增”11813亿元的收入缺口。因此，这种方案是否可行，需进一步研究。

第四，按照“同源分征”模式理论改革现行企业所得税，使企业所得税收入成为地方政府的主体收入来源之一，此方案有一定道理，但其与目前的企业所得税中央与地方按6：4比例分成相比，不会增加太多的收入。

第五，个人所得税的进一步改革与完善，我们赞成个人所得税可成为地方税之一，在由于历史的原因，短期内不会大幅度提高，在税制设计上，税率还是有适度下调的趋向。

第六，房地产税制改革正在推进，有必要推进其立法，使其成为地方税体系的重要税种（或主体税种之一）。但由于种种相关因素，我国房地产税制的出台可能尚需假以时日，我们希望创造条件，推进房地产税立法，积极推进房地产税的改革。

6. 改变分成方式无法解决机制问题。关于“营改增”后地方政府的收入缺口问题，时下学术界和实务部门提出了各种办法，如调高地方分成比例、维持试点期间“营改增”范围的增值税收入归属等，这些建议虽能一定程度解决地方政府收入缺口问题，但都没有从税制结构科学优化的高度抓住关键，并未触及税制体系的内生功能机制。

目前，对于构建地方税体系有四种说法：一是“修补说”；二是“另起炉灶说”；三是“切割说”；四是“归并说”。以上各说虽然都有一定的依据，但仔细斟酌却难免偏颇。简单的切割、修补或归并难以解决问题。地方税是相对于中央税而存在，具有取之本地，用之地方的属性，因此，必须有自己的税种体系，必须有符合地方性、合理性、前瞻性、简洁易征、收入功能较强等特点的主体税种，所以，依赖中央税和共享税解决地方财政问题是不现实的。

7. 中国台湾地区“加值型营业税”与“非加值型营业税”并存的做法值得借鉴。台湾地区《加值型及非加值型营业税法》规定，银行业、保险业、信托投资业、证券业、期货业、票券业及典当业，除经营非专属本业之销售额适用最低不低于5%、最高不超过10%的征收率外，其营业税税率为2%，但保险业之再保费收入之营业税税率为1%。小规模营业人及其他按规定免于申报销售额之营业人，其营业税税率为1%。农产品批发市场之承销及销售农产品之小规模营业人，其营业税税率为0.1%。2007年，在推进大陆企业所得税“两税合一”进程中我们基本上参照了中国台湾地区公司所得税当时25%的税率，在“加值型营业税”与“非加值型营业税”“加值型营业人”与“总额型营业人”并存的情况下，也可借鉴中国台湾地区对特殊行业简易征收营业税的这一做法，继续维持营业税的地方主体税的地位。

8. 从地方政府收入格局的全局来看，据报道，目前，土地财政与地方政府其他收入之比为1∶1.7，说明当前地方政府收入在整个地方政府收入中的比重明显下降，地方财政收入中有1/3多不是靠税收的局面必须改变，怎样保证地方政府的正税收入，怎样保证地方税收收入成为地方政府收入的主体是我们必须要考虑的大问题。无论从哪方面讲，土地财政应是难以为继的，这种局面的改变寄希望于地方税主体税种的确立和地方税体系的完善。

党的十八届三中全会《关于全面深化改革若干重大问题的决定》要求“稳定税负”，“保持现有中央和地方财力格局总体稳定”，“进一步理顺中央和地方收入划分”。保持企业税收负担与政府税收收入的基本稳定，保持中央和地方财力格局的总体稳定，这是中央着眼于我国目前经济、财政、社会、政治大局做出的英明决断和要求，在“营改增”和构建地方税体系、解决地方税源问题上，必须要着眼于“稳定中央政府和地方政府的税收收入”，“保持现有中央和地方财力格局的总体稳定”。

为此，赞同湖北省地方税务局最近给全国人大财经委上报的“关于推进‘有限营改增’的建议”。两轮“营改增”到位后，应当暂缓进行下一轮“营改增”扩围试点，而要作充分的调研和分析。

（二）推进“有限‘营改增’”，完善地方税体系的建议

基于“营改增”背景下，完善地方税体系、确立地方税主体税种已成为当务之急；基于“营改增”将会带来地方政府税收收入缺口的弥补问题已成为地方税主体税种选择必须考虑的重要因素；基于“土地财政”背景下增加地方政府征税收入已成为亟待解决的大问题；鉴于落实党的十八届三中全会《关于全面深化改革若干重大问题的决定》关于“保持现有中央与地方财力格局总体稳定”的要求，在当前各方讨论的诸多意见和建议中，建议从中国实际出发，不追求欧洲型的“全面”“彻底”的消费型增值税，尽可能规避风险，推进“有限‘营改增’”，以正确处理中央与地方财税关系，发挥中央和地方两个积极性，完善分税制

财政体制，稳定税负，使财税制度成为实现国家长治久安的制度保障。

建议保留一部分行业，如不宜于进入抵扣链条的，仍适合于简易征收的行业适宜于保留征收营业税，并且这部分行业的营业税仍然归地方，当然其征收率5%如需要可统一适当下调。即设想实行部分“营改增”，即只对交通运输、邮电通信及文化体育服务业中与工业产销链条联系密切、重复征税问题突出的一些行业推行“营改增”，对其他劳务服务产业继续保留征收营业税。鉴于我国“非加值型营业税”的大量存在，建议借鉴中国台湾地区的做法，保留“非加值型营业税”和小规模营业人的简易征税办法，实施“有限‘营改增’”，在现阶段继续维持营业税的地方主体税地位。

在今后一段时期内，应继续维持增值税和营业税“两税”并征的格局，在保持中央与地方财力格局的总体稳定的情况下，继续推进地方税体系的建设。

推进增值税改革工作的重点应当放在：总结“营改增”试点经验、研究解决改革中突出问题、简化增值税税率，以及全面完善增值税制度，进而推进立法等四个方面。

同时，将下一步改革的重心由“营改增”转向加快房地产税制改革、完善个人所得税制和企业所得税制、扩大资源税征税范围、推动环境费改税，以及推进城建税、教育费附加、契税、印花税、耕地占用税等地方税种的整合与完善，积极推进房地产税、资源税等税种的立法和个人所得税法、企业所得税法的进一步完善，为构建完整的地方税收法律体系而努力。

参考文献

[1] 许建国. 如何构建中国地方税体系[C]. 山东大学：税制改革课题研讨会会议论文集，2014（5）.

[2] 杨斌. 对有关中国税制改革和制度设计若干流行观点的论辩[J]. 大连税务研究，2011（9）.

中国国际税收协定的成长历程与展望

孙玉刚，1942年2月生，国家税务总局国际税务司原副巡视员，中国国际税收研究会原副秘书长。

国际税收协定——国际税收的重要规则

国际税收协定是主权国家通过谈判缔结的关于协调税收管辖权和处理跨国税务问题的国际协议，经缔约方履行各自国内法律程序后即行生效执行。今天有机会回顾其成长历程，是一件有意义的事。

1978年12月18日至22日，中国共产党第十一届三中全会在北京召开，中国大地上掀起波澜壮阔的改革开放大潮。为适应对外开放引进外资的形势，全国人民代表大会于1980年和1981年相继公布三部涉外税法，即《中华人民共和国中外合资经营企业所得税法》《中华人民共和国外国企业所得税法》和《中华人民共和国个人所得税法》，初步形成单独运行的涉外税收体系。此时，国外资本、企业和个人开始以不同形式进入中国。面对这种前所未有的新形势，如何通过法治规范管理市场，维护国家税收权益已成当务之急。由于涉及跨国纳税人的跨境业务活动，需要在国家之间协调税收管辖关系，仅靠上述三部国内法显然是不够的，迫切需要国际法律文件予以明确。于是，谈签国际通行的税收协定呼之欲出。此后，随着改革开放逐渐深入和税制改革的要求，三部国家涉外税法简并为《外商投资和外国企业所得税法》和《个人所得税法》。为了提升国际税收的管理水平，建立现代化的国际税收制度，后于2008年成功实现内、外资企业两个所得税法的合并，使我国的国际税收法律体系得到规范和完善，国际税收工作进入崭新的阶段，也为税收协定工作的进一步开展创造了更好条件。

我国的税收协定，包括“防止偷漏税”和“消除双重征税”两个重要含义。除此之外，它也清晰地规定了关于企业法人营业利润、间接投资所得和个人劳务所得等管辖原则。由于协定内容主要涉及直接税，国际上亦称“所得税条约”（Tax Convention on Income and Capital）。其诞生与成长过程就是国际经济发展的历史过程。不可能想象在简单的商品交易或封闭的计划经济条件下，在社会文明和法制观念不成熟情况下，侈谈国家间的税收管辖权与合作事宜。19世纪末，世界上较发达的资本主义国家开始向国外进行大量的资本输出，特别是从简单商品出口到生产资本输出之后，国家之间的经济交往活动才日渐增多，形式渐趋复杂，客观现实迫使人们需要建章立制规范跨国税收问题，有关国家需要通过税收协定明确实施税收管辖的广度和深度。

世界最早的税收协定出现于19世纪中叶的欧洲，当时只不过是简单的税务合作和信息交流内容而已，远非现代的综合性避免双重征税协定规范和完整。经济合作与发展组织（OECD）国家主要由经济发达国家组成，最早组织国际税收专家研究起草，最终于1977年正式通过了《关于对所得和财产避免双重征税协定》范本（即OECD Model）。20世纪60年代以后，发展中国家逐渐增多，开始关注维护自身利益。于是，联合国经社理事会又组织专家小组发起在OECD范本结构框架内起草另一文本，同样累经增删和修订，于1979年形成《关于发达国家与发展中国家避免双重征税协定》的联合国协定范本（即UN范本），这两个范本就是世界上数以千计综合性协定的滥觞。

关于上述两个协定“范本”，其框架结构和基本内容大体相仿，但在一些重要条款上具有实质性分歧，OECD 范本明显倾向维护发达国家权益，例如，　关于“常设机构”（Permanent Establishment，PE）概念的界定和营业利润归属的确定，某些间接投资的来源地征税权，以及限制税率等问题都是税收协定谈判中的重点。

回顾历程，总结税收协定工作经验

我国的协定谈判工作始于20世纪80年代初，首先是与经济交往活动和投资业务较多的日本等经济发达国家谈判。根据1980年12月中、日两国政府成员的会议协议，从1981年1月起，中日双方代表团将举行商签税收协定谈判。这是中国政府以主权国家名义首次与外国谈签专业性很强的国际税收协定，当然是我国外交和经济领域工作的大事。在外交部条法司专家的指导和帮助下，我们参考的主要是OECD（经济与合作组织）范本和UN（联合国）范本，结合我国在有关方面权益上的要求，拟订出中方谈判文本。1982年12月8日，财政部与外交部以（82）财税字第312号文《关于中、日两国政府对所得避免双重征税协定的请示》，由时任财长王丙乾和时任副外长何英签署，报国务院请示。我们对外谈签税收协定的基本原则是，“在税收上既要有利于维护我国经济权益，又要有利于吸收外资、引进先进技术，为我国发展国民经济服务”。由于当时我国正处改革开放初期，外商来我国投资及提供劳务较多，一段时间内，我国成为主要所得来源地。因此，在一些重要条款上，例如“常设机构”征税、间接投资限制税率以及消除双重征税的饶让抵免方法等方面，我们较多采用UN范本的表述，因其较多维护所得来源地国家权益。经过几轮艰苦的谈判，遂于1983年9月6日，由时任外长吴学谦代表我国政府正式签署该协定，这就是我国对外签署的第一个综合性国际税收协定。

自此开始的十余年时间，我们的谈判对象主要是西欧、北美的主要资本主义发达国家。由于历史形成的双方在经济发展阶段、法治市场条件以及税制体系建设等方面存在差异，对跨国税源管辖的争夺表现激烈，谈判也比较艰难，草签一个协定至少要经过三四轮以上谈判。我们笃定税收协定谈签基本原则，克服各方面困难，充分发挥部门协作精神，顺利完成阶段性任务，为下阶段的工作打下基础。

国人讲“万事开头难”，洋人讲“良好开端是成功的一半”。这一阶段是非常重要的基础工作阶段，事关我国未来的协定工作进程与发展。虽然时间较短，工作任务却是比较繁重，共谈签约30个协定，约占总量三分之一。从谈判对象、谈判策略，更主要的是协定内容上看，可以看作是我国协定工作的第一阶段。

20世纪90年代以后，国际政治、经济形势发生很大变化，苏联与南斯拉夫解体为多个国家。许多“第三世界 ”国家经济发展表现活跃。规范跨国经济活动规则的国际税收协定必须因应调整变化。国际税收领域最有影响的OECD组织和UN组织积极行动，经常研讨关于“范本”及其注释（Commentary）的改进与修订，我国也经常应邀参与其中工作，提出一些较为倾向广大发展中国家权益的建议。

在此期间，除与少数发达国家续谈未结协定外，谈判对象已自然地转为广大发展中国家，特别是一些亚、非、拉美国家。显然从政治关系和经贸交往等方面考虑，与前述第一阶段有很大不同，应当而且必须调整我对外谈签税收协定原则。在考虑维护税收权益的同时，也要从长远战略考虑达到平等互利、合作共赢的目的。

1992年，我们认真总结第一阶段工作，结合国内外实际情况，整理拟订出应对第二阶段工作的谈签文本。国务院办公厅于1992年9月6日以国办通〔1992〕30号文批复通知，“同意对我国同外国签订的税收协定作必要的修改”。自此以后，税收协定工作质量不断提升，已经进入佳境。这一阶段可以看作是第二阶段。

除上述主要以谈签协定对象为标准，以中方两个谈签协定文本为标志“断代”两阶段之外，我们也可以时间坐标考虑划分工作阶段，因为社会发展很快，在国际上波诡云谲的政、经变化大背景下，需要再精到细致一些考虑、分析问题，突出事物的阶段性特点与本质，从而更有针对性地应对各种情况。按照“十年段”分解三十几年的协定工作历程为下列四阶段，不失为一种思路。这样做只是为便于研究分析问题，不能由此将完整而系统的协定工作“碎片化”解读。实际工作中，由于种种原因常有协定跨时间段交叉谈签，但其总体方略却始终一脉相承，清晰可寻。

1. 20 世纪80年代，税收协定工作起步开始阶段。这一阶段主要是配合国家改革开放总方针，突出招商引资发展经济需求，多与西欧、北美发达国家谈签。

2. 20世纪90 年代，工作成长发展较快阶段。这期间苏联、南斯拉夫等社会主义国家解体为多个独立新国。协定工作除经济方面考量外，还要注意国际政治形势变化。此时较多与苏、南解体后国家、周边国家及部分拉美国家谈签。

3. 21世纪开始10年，属于工作基本成熟阶段。为进一步发展我国经济，充分开发利用国内外两个市场，需要鼓励我国企业顺利“走出去”，更要健康“走下去”。与此同时，还要考虑国家能源战略安全这一重要问题。此阶段多与亚、非以及拉美国家，特别是某些资源禀赋较好油气富集国家谈签。

4. 21世纪10年代，工作成熟且主动阶段。根据建设创新型强国发展战略，我们密切关注国际税收动态，以更加灵活、务实和高效态度积极参与国际税收协调与合作。此时的工作除延续传统的综合性“范本式”协定外，亦呈现一些新的特点，即谈签协定对象多元，法律文件形式多样，例如单项“情报交换协议”“反避税协议”、多边“税收征管互助公约”等。这些涉及跨国税事协调的“协议”“安排”或其他文件从广义上讲也可属于国际税收协定范畴，它们大大丰富、补充、强化了既有的“标准型”税收协定。

改革开放以来，随着我国涉外税收体系的健全和国际税收事业的发展，我们在游泳中逐渐学会游泳，不断增强体魄，提高本领。共谈签、执行99个综合性协定，另有与中国香港、澳门的两个《税收安排》，基本形成遍及全球的协定网络，可谓跻身世界协定工作之林前列。三四十年的协定工作取得丰硕的业务成果和良好的社会效益，同时，也深刻领悟到如下工作体会。

一是准确定位，服务大局。税收协定的全部工作都要服务于国家的改革开放大局，积极配合、落实国家各发展阶段政治、经济方面的中心工作。从初期的“引进来”到后来发展到“走出去”，直至当前的“强国战略”，协定工作的“大局定位”意识要始终一以贯之。

二是学习借鉴，法治协定。根据《维也纳条约法公约》第26条“条约必须遵守”和第27条“国内法与条约之遵守”规定，从原则上讲，“一当事国不得援引其国内法规定为理由而不履行条约。”税收协定属于优先国内法执行的国际法范畴，尤其要严格注意以法规范跨国税事，并且“善意执行”。“税收法定原则”已经写入党的十八届三中全会《关于全面深化改革若干重大问题的决定》，足见意义深远。我们在借鉴国际通行“两个范本”的同时，强调根据国情对其部分条款决定取舍或改造，制订出自己的工作文本。另一方面，税收协定的执行更离不开国内法，正是“皮之不存，毛将焉附。”同时，它也可以对完善国家税法体系建设提供有价值的参考。

三是探索求进，站位发声。长期的工作实践中，我们平视西方既有模式，主动提出一些对协定，甚至国际税收较有见地的看法，得到国际专业人士的肯定，从扎实的有为工作“擢升”至发声有位于国际税收论坛，减弱西方长期消费的“话语红利”，提高我国在制定游戏规则方面的话语权。

四是放眼未来，培养人才。我们在长期工作中不仅收获了协定，更重要的是培养一支可贵的国际税收专业人才队伍，他们勤奋好学，知识结构较完整，善于接受新生事物，勇于接受新时代的挑战，注定会在未来的国际税收和谈签税收协定工作中，创造更加辉煌的业绩。

展望未来，打造税收协定升级版

当前，中国经济已经跃升为世界第二大经济体，处于重要的创新发展时期，历史又到了一个重要时间点。另一方面，世界经济发展格局并不平衡且多变，多种经济体呈现并存状态，但经济全球化、一体化的进程却仍在加快，国家间税收协调与合作已成大势。与此同时，高科技得到飞速发展，国际经济交往活动除传统方式外，已有诸如电子化、数字化等多种商品交易形式出现在边界趋向淡化的虚拟世界之中，面对这种复杂的新局面，国际社会十分关注，与之相关的国际税收（包括税收协定）活动也颇为频繁，国际经济组织和各国税务当局都在积极应对，国际会议呈现出前所未有的多层次、多议题和多形式特点，谋求应对新时期挑战的良策，完善与重塑既有国际税收规则。2014年3月18日，国家税务总局召开全国税务系统国际税收工作视频会议，局领导关于国际税收工作做了很好的总结，更为今后工作提出明确要求，就是“打造中国国际税收升级版”这一响亮口号。税收协定是国家税收中需要协调管辖权的涉外税收部分，其成长与发展离不开国际税收的总体发展。税收协定又是国际税收的重要组成部分，在税制现代化与国际化方面具有重要引领和标志作用，必须首先实现自我“升级”。考虑协定工作目前的实际情况，提出几点拙见。

一是整理既有协定，善处后续工作。全面清理协定档案，可依据谈签时段、地区国别或其他索引归类。由于早期签署的许多协定在新阶段需要重谈、调整或补充，就要按照轻重缓急先后有序地统筹安排后续处理工作。面对工作量大，人力资源有限的客观情况，可以尽量考虑以商签“补充议定书”形式处理，其法律执行效力与协定正文同。也可以通过双方“主管当局”换文，确认某些具体税收业务事宜。这都是务实高效的办法，而且程序过程更加简单。

二是适时条文解释，助力协定执行。改变以前协定工作重于谈签，相对弱化执行的状态，使税收协定在处理跨国涉税事务上真正发挥作用。协定正式签订之后，生效执行之前，除已经明确条文解释的之外，都要考虑《有关条文解释和执行问题》。我国与新加坡签订的新协定“对原有税收协定进行全面修订”，及时发文明确，便是一个很好的做法，很值得坚持下去。对于其他形式国际税收协议与通常的综合性协定关联的条款规定尤需跟踪作出必要解释，以期做到衔接互补，而非交叉掣肘。

三是恪守维权原则，与时俱进理念。坚持谈签协定的一贯指导思想，就是维护国家税收权益，围绕国家中心经济方针政策，消除跨国经济活动税收障碍。同时，要不失时机地接受现代化社会的创新理念，用积极思维方式开拓进取，密切关注国际税收发展动态，掌控科技创新信息与手段防止“双重不征税”情况，严厉、有效打击跨国偷漏税和避税行为。

四是视情区别应对，考虑国别个性。目前的协定谈签对象已渐呈复杂而多样，谈判中既要坚持维权总原则，也要考虑促进双边经贸发展，合作共赢，从国家整体大局和长远利益出发考虑业务问题。国家鼓励有能力的企业“走出去”，开拓海外市场。与“油气国家”谈判时，由于涉及国家能源安全的重要大计，可以考虑在“常设机构”和消除双重征税的抵免方法等方面采取一些简便易行的优惠措施，助力我国企业参与国际竞争。

五是总结归纳经验，编制创新文本。可以仍以我国原对外谈签文本为基础，“创新”在以我国为主，吸收一些国际税收领域中被广泛认同观点和经时间考验证明较为成熟的表述和用语。要与我国《企业所得税法》对接，对“居民”“常设机构”“消除双重征税方法”等重要条款进一步调整完善。同时，整合研究所有我国对外签署的涉及反避税、情报交换，甚至《税收征管互助公约》等国际协议文件，将其中“现代化”“国际化”亮点吸纳入新版协定工作文本，这是协定在新阶段具有重要意义的工作。

新文本将在总的综合性文本框架结构与内容前提下，另拟针对不同经济体类型国家的分类条款，暂分别适用于“发达国家”“经济转型国家”和“发展中国家”三大类，使我国协定文本既有综合性总原则，又含分类性规定。与具体对象国家开展谈判时，再细化到考虑双边具体政治、经济关系等“个性”情况实施。这样，便可以形成以“综合性”“分类性”和“个性”三层次相结合的谈判方案，可以基本涵盖世界多种类型经济体国家，应对日益复杂的税收协定工作形势。

六是加强教育培训，培育人才队伍。国际税收协定是严肃的国际法，在落实“税收法定主义”的今天突显重要。作为负责任缔约国家必须承担并履行协定义务。当前，国内的协定工作总体运作良好，但开展不尽平衡，在执行上似有上紧下松、东强西弱状态。要继续加强税收协定业务学习和培训，广泛宣传其重要作用，将其从“小众性”状态改变为“大众性”。只有这样，我们才能逐渐培养、成长人才队伍，使协定工作可持续性向前发展。

完成这些工作我们具有充足信心，因为已经基本具备完成工作的有利条件。首先，我们已经经历较长的协定工作历程，具备多年谈签国际税收协定的经验，造就一批宝贵的协定工作青年生力军。他们已经成为工作的中坚力量，在一线工作岗位上发挥着骨干作用；其次，国内外舆情和法制环境较为有利。2008年，《企业所得税法》出台，标志国家税法更加完善，税制更加与国际接轨。这是协定工作的重要依托和支撑；同时，国际上有关税收协定活动非常活跃，重塑国际税收规则呼声甚高，这正是我们利用契机，工作大有可为的时段；再其次，现代社会经济发展复杂多变，虽然对工作带来一定挑战，但是高科技的发展也给我们提供重要的技术支持手段，只要我们善于利用，协定工作便可以从谈判到签署，再到后续执行，作到全链条快捷而有效运作。再加上日益紧密的各种方式国际合作，使我们能够比以前任何时候拥有更强手段，掌控更多信息，从而大大提高工作效率，成功打造税收协定“升级版”。

我国反避税制度的发展

朱青，1957年5月生，中国人民大学财政金融学院学术委员会主任，中国国际税收研究会学术研究委员会副主任。

避税是指纳税人在没有违反法律的前提下，利用税法的漏洞、差异或不明之处，规避、减少或延迟纳税义务的一种不违法的行为。避税尽管不像偷税那样属于违法行为，但它给一国财政带来的影响却是相同的，二者都会减少税收收入，损害国家的税收利益，影响国家提供公共服务。此外，如果纳税人避税成功，其税负就会下降，这样就会造成从事同一经济活动的纳税人避税者与非避税者之间税负不平，从而不利于构建公平竞争的税收环境。如果一国的避税环境宽松，还会诱使纳税人从事“税收有效而经济无效”的活动，这就会在客观上鼓励纳税人用减少纳税的办法来发家致富，从而扭曲纳税人的经济行为。所以，当今世界各国政府对避税行为都是“人人喊打”的。当然，各国政府对避税的态度也有一个转变的过程。在20世纪早期，人们普遍认为避税是纳税人的一种权利，而基于尊重个人权利的意识形态，西方国家的司法界普遍认为税务机关对纳税人的避税行为不应进行限制，因而也不应该进行所谓的反避税。例如，1955年，英国的一个委员会在审查英国税收制度的报告中就指出，“避税并不意为着它在任何情况下都是一件令人讨厌的事”；1966年，加拿大的卡特委员会在一份报告中也指出，“使用避税安排远不应当遭到普遍的批评和谴责。”但随着社会政治、经济的发展，人们对避税的观念也逐渐开始发生变化，避税不违法但不合理或不道德的看法开始出现。例如，英国大法官邓宁勋爵（Lord Denning）在20世纪60年代末说过一句名言：“避税可能是合法的，但它并不是一种美德。”从20世纪70年代开始，发达国家对避税行为越来越重视。这是因为，在此之前避税行为并不普遍，而且对政府的税收收入影响不大，但是从20世纪70年代起，避税行为开始猖獗，美国、加拿大、英国、澳大利亚、新西兰等国家的公众对避税的态度开始发生变化，最终导致这些国家颁布了各种各样的反避税法规。特别是近年来，反避税已成为G20峰会的一个重要主题。2011年11月，在法国戛纳召开的G20峰会上，各国领导承诺签署一项反避税反偷税公约。2013年9月，在俄罗斯圣彼得堡召开的G20峰会上，各国领导人更期望签署一项切实可行的防范国际偷避税的措施。为此，OECD在2013年也拿出了一份对付税基侵蚀和利润转移的行动计划。

我国政府对避税也采取不接受的态度。改革开放后，我国的税收法律法规最初提到“避税”这个概念的是《财政部关于对不分配利润的联营企业就地征收所得税的通知》（财税〔1987〕79号），该文件规定：“为了防止逃税避税，对联营企业年终不分配利润以及不完全分配利润或分得利润不按规定汇回原地完税的，经查实后，由联营企业所在地税务机关按八级超额累进税率征收所得税，就地入库。”不过，在早期，人们对“避税”和“偷税”的概念区分得并不十分严格。例如，1993年1月国务院下发《关于加强税收管理和严格控制减免税收的通知》（国发〔1993〕51号）就指出：“要采取有效措施，加强反避税工作，堵塞一些外商投资企业通过转移利润偷漏税的漏洞，做到应收尽收。”随着对“避税”概念认识的不断深入，人们也不再将其与“偷税”相互替代或相互混淆。例如，国家税务总局印发《关于进一步加强涉外税收管理工作意见》的通知（国税发〔1996〕68号）中就指出，“根据国家税务总局税收征管改革的总体部署，涉外税收工作重点和人员配备应向税收审计、稽查工作转移，加强反偷、避税工作”。显然，国税发〔1996〕68号文开始把反避税和反偷税这两项性质不同的工作加以明确区分。

应当说，我国的反避税工作主要是针对外商投资企业和外国企业进行的。这一点，从国家税务总局的反避税处设在了国际税务司就可以清楚地看出。此外，国家税务总局近20多年来下发的涉及反避税工作的文件也说明在华外商投资企业以及在中国境内取得所得的非居民企业是反避税的重点。也就是说，在我国，反避税主要是反国际避税。因为，外商投资企业以及非居民企业如果在我国得以避税，国家的税收利益就会受到损害，“肥水”就会流入外人田；而且如果对这种行为不加以抑制，对那些诚实纳税的被“请进来”的企业也是不公平的。所以，反国际避税从一开始就是我国反避税工作的重点。例如，早在1990年2月国家税务局下发的《关于外国公司之间转让与受让石油合同权益税收处理问题的通知》（国税发〔1990〕27号）中就有限制关联公司之间转让在华石油合同权益进行避税的条款。1991年7月开始实施的《外商投资企业和外国企业所得税法》第十三条规定：“外商投资企业或者外国企业在中国境内设立的从事生产、经营的机构、场所与其关联企业之间的业务往来，应当按照独立企业之间的业务往来收取或者支付价款、费用。不按照独立企业之间的业务往来收取或者支付价款、费用，而减少其应纳税的所得额的，税务机关有权进行合理调整。”这是我国最早的反避税法律条款。1993年6月，《国家税务总局关于进一步加强涉外税收征收管理的通知》更明确提出：“当前反避税的工作重点是关联企业间业务往来的税收管理。”以后国家税务总局下发的反避税文件也多是针对与境外关联企业有业务往来的中国境内企业的。但在我国的税收法规中，也有一些是针对境内避税行为所作的规定。例如，1997年10月《国家税务总局关于平销行为征收增值税问题的通知》（国税发〔1997〕167号）中指出：“平销行为不仅造成地区间增值税收入非正常转移，而且具有偷、避税因素，给国家财政收入造成损失”；“自1997年1月1日起，凡增值税一般纳税人，无论是否有平销行为，因购买货物而从销售方取得的各种形式的返还资金，均应依所购货物的增值税税率计算应冲减的进项税金，并从其取得返还资金当期的进项税金中予以冲减。”国税发〔1997〕167号文实际上是针对纳税人利用“平销返利”规避增值税的反避税法规。又如，2003年2月，财政部、国家税务总局发布《关于2001年度全国税收资料调查工作的通报》（财税〔2003〕33号），指出：经过对各地2001年度的数据分析，发现“酒厂采取向销售公司转移收入避税的问题日趋突出”（由于白酒的消费税主要在生产环节定率征收，酒厂往往成立销售子公司，并用压低销售价格的形式向销售子公司供货，从而规避消费税），并建议各地税务机关通过“规范白酒计税价格”的方式防止酒厂规避生产环节的消费税。此后，国家税务总局又制定了《白酒消费税最低计税价格核定管理办法（试行）》（国税函〔2009〕38号），核定大酒厂白酒消费税的最低计税价格。这是在白酒消费税领域反避税的一个重要措施。

长期以来，我国的反避税工作不仅主要集中在跨国关联交易，而且更聚焦在转让定价的税务管理方面。1991年，颁布的外商投资企业和外国企业所得税法及其实施细则奠定了我国转让定价税务管理的法律基础。1992年10月，国家税务总局发布《关联企业间业务往来税务管理实施办法》（国税发〔1992〕237号），明确了转让定价税务管理的一些具体实施办法。1993年《中华人民共和国税收征收管理法》第二十四条以及1993年颁布的《中华人民共和国税收征收管理法实施细则》第三十六条至四十一条再次从征管法的角度明确了我国转让定价税务管理的相关规定。至此，我国转让定价税务管理的法律法规体系基本建成。为了完善转让定价的税务管理制度，国家税务总局以后又陆续修订或颁发了一系列相关的法律法规。1998年4月，国家税务总局印发《关联企业间业务往来税务管理规程》（国税发〔1998〕59号）。2004年9月，国家税务总局印发《关联企业间业务往来预约定价实施规则（试行）》（国税发〔2004〕118号）。同年10月，国家税务总局发布修订后的《关联企业间业务往来税务管理规程》（国税发〔2004〕143号）。2005年4月，国家税务总局下发《关于2005年度反避税工作的通知》（国税函〔2005〕239号），明确要求“各地转让定价审计立案、结案（包括以前年度未结案件）均需报国家税务总局批准后方可进行。”随着新的企业所得税法的实施，2009年1月， 国家税务总局又下发了《特别纳税调整实施办法（试行）》（国税发〔2009〕2号），目前，国家税务总局正在对这个文件进行修订。

从2002年起，我国的反避税工作开始向转让定价税务管理以外的范围拓展。2002年12月国家税务总局发布《关于规范和加强国际税务管理工作的通知》（国税函〔2002〕1153号），提出各试点地区国际（涉外）税务管理机构要“实施反避税调查，组织实施反避税协查和联查，调查处理各类避税行为，预约定价的谈签、管理及实施，资本弱化、避税港避税、受控外国公司避税问题的调查与处理，对成本分摊协议、集团内劳务等跨国公司全球集中服务的避税问题的调查、处理等。2004年2月，国家税务总局下发《关于下达2004年度反避税工作考核目标及要求的通知》（国税函〔2004〕370号）中再次要求“各地在扩大审计避税户时，应深入研究各种形式的避税问题，不仅要加强对‘高进低出’等转让定价避税行为的审计，而且要拓宽视野，针对避税地、资本弱化等避税行为进行审计。”2009年1月，国家税务总局印发《特别纳税调整实施办法（试行）》的通知（国税发

〔2009〕2号），明确而具体地规定了税务机关对企业的转让定价、预约定价安排、成本分摊协议、受控外国企业、资本弱化以及一般反避税等特别纳税调整事项的管理办法。国税发〔2009〕2号文是指引和规范我国税务机关实施反国际避税最全面的一个法律文件，是我国反避税制度建设过程中的一个重要的里程碑。

如果说，我国的反避税工作在早期主要局限于反国际避税尤其是“请进来”的外商投资企业的避税，那么，随着我国“走出去”战略的深入实施，反避税工作也开始关注到境外投资的内资企业。2007年3月，国家税务总局发布《关于做好我国企业境外投资税收服务与管理工作的意见》（国税发〔2007〕32号），提出各级税务机关不仅要为企业境外投资提供优质的税收服务，而且“要加大对境外投资企业的反避税力度，重点审计其来源于避税港及境外受控子公司的所得。”特别是2008年实施的新企业所得税法引入了受控外国公司的反避税措施，对国内企业在“走出去”过程中利用受控外国公司避税进行了限制。2009年2月，国家税务总局下发《关于进一步做好税收征管工作的通知》（国税发〔2009〕16号），提出在加强国际税源监管过程中，要重点调查企业对外大额支付特许权使用费和劳务费，以及“走出去”企业从国外收取特许权使用费等关联交易。在2012年国家税务总局下发《关于加强国际税收管理体系建设的意见》（国税发〔2012〕41号）中更明确提出要对“‘走出去’企业及个人完整行使居民税收管辖权，加强反避税管理，防范我国税基受到侵蚀和属于我国的税源流失境外”。

走向现代化的中国企业所得税和国际税收制度

苏筱华，1955年10月生，海南省国家税务局副局长。

非常荣幸能应邀参加这次座谈会，并和在座的各位共同回顾和展望我国企业所得税和国际税收制度走向现代化的征程。我作为一名曾在国际税收战线工作多年的老同志，从改革开放之初起，经历了我国企业所得税和国际税收制度走向现代化的不平凡进程，有幸参与了我国《外商投资企业和外国企业所得税法》及实施细则的起草和一些重大国际税收政策的研究制定工作，并对新《企业所得税法》（草案）提出了一些建设性意见。长期的国际税收工作实践和理论研究，使我与国际税收事业结下了不解之缘，并有着为之奋斗的不懈追求。今天，我想借此次座谈会机会，就我国企业所得税制现代化和国际税收制度创新问题，与各位分享如下感悟和思考。

一、35年的改革开放，成就了我国现代企业所得税和国际税收制度

改革开放35年来，我国企业所得税和国际税收制度从无到有，再到建立现代企业所得税和国际税收制度，经历了不平凡的渐进式改革历程。特别是1994年税制改革后，在归并内资企业所得税法的基础上，经过12年的不懈努力，于2003年通过全国人大立法，顺利实现了内外资企业所得税法的归并和统一，建立了具有里程碑意义的现代企业所得税和国际税收制度。其主要标志是：

（1）建立了法人所得税制。在国际上，对企业征收所得税，一般采用法人所得税形式，以法人作为基本纳税单位，有利于合理规范企业所得税纳税人，消除重复征税。新《企业所得税法》采用法人所得税形式，同时引入国际通行的居民企业和非居民企业概念，统一界定了纳税人，明确了居民企业和非居民企业的纳税义务，有利于有效行使税收管辖权，促进国际经济合作与交流。

（2）统一并适当降低了税率。税率是税收的核心要素之一，是衡量和影响税负水平的主要因素。新《企业所得税法》将

内外资企业所得税税率统一确定为25%，在国际上属于适中偏低的水平，有利于增强企业竞争力和吸引外商投资，较好地发挥了企业所得税调控经济的功能。

（3）统一和规范了税前扣除办法和标准。税前扣除是影响税负水平的重要因素之一，一般包括与取得应税收入有关的成本、费用、税金、损失和其他支出等。新《企业所得税法》统一和规范了内外资企业税前扣除标准，有利于公平税负，促进内外资企业在市场经济条件下平等竞争。

（4）统一了税收优惠政策。税收优惠政策体现了国家宏观经济政策目标和产业导向，新《企业所得税法》将税收优惠重点由区域优惠为主转向产业优惠为主、区域优惠为辅，有利于促进经济发展方式转变，加强能源资源节约和生态环境保护，推动区域经济社会协调发展，同时也较好地解决了外资企业超国民待遇问题。

（5）建立和完善了特别纳税调整办法。特别纳税调整是国际上通行的反避税做法，主要内容包括转让定价、资本弱化、受控外国公司、一般反避税等调整办法。新《企业所得税法》借鉴国际经验，结合我国反避税实际，较为系统地建立和完善了反避税机制和办法，有利于维护国家税收权益，促进国际资本自由有序流动。

（6）促进了经济平稳发展和税收收入较快增长。国际经验表明，企业所得税作为经济运行的“自动稳定器”，是国家调控经济、调节收入分配的重要工具。新《企业所得税法》实施后，创造了有利于企业平等竞争的税收环境，促进了经济平稳较快发展，企业所得税收入也保持了年均14%的较快增长。

综上所述，“我国新《企业所得税法》充分借鉴世界各国税制改革的经验，通过法律规范企业所得税制度，在纳税人、源泉扣缴、纳税调整等方面与国际通行做法接轨，保证了我国企业所得税制更具科学性、完备性和前瞻性，为深入推进税制改革迈出了坚实的步伐”，同时也为我国国际税收制度现代化奠定了良好的基础。

二、经济全球化数字化迅猛发展，企业所得税和国际税收制度面临新情况新问题

随着经济全球化和数字化的迅猛发展，跨国公司的商业模式、产业链布局和资源配置方式等发生了新的重大的变化，税基的地域流动性明显增强，跨境税源的管理越来越难，尤其是在2008年国际金融危机后，西方发达国家经济复苏缓慢，财政紧缩，主权债务危机频发，社会福利政策难以为继，且跨国公司激进的税收筹划愈演愈烈，税基侵蚀和利润转移问题凸显，对各国税基造成了严重侵蚀，同时也加剧了收入分配的两极分化，破坏了社会公平，激起了极大的民愤，并引起各国政府高度重视。以上情况表明，传统国际税收理论和规则已不能有效应对数字经济条件下的新情况新问题，研究和制定各国协调一致的国际税收新规则，势在必行。目前，UN、OECD和G20国家正在通过国际合作方式，抓紧研究制定税基侵蚀和利润转移问题的应对之策。这对我国来说，既是机遇，又是挑战，我国宜在积极参与制定国际税收新规则的基础上，抓紧研究传统国际税收理论和规则的局限性及对我国的影响，并从促进我国经济转型和创新驱动战略的高

度，推进企业所得税和国际税收理论和制度的创新。具体而言，宜重点关注以下问题。

（一）正确认识传统国际税收理论和规则的局限与创新关系

传统国际税收理论和规则来自于近百年的国际税收实践，同时遵循着国际法、国际经济法的基本准则，为世界各国维护国家主权，妥善处理国际税收分配关系，提供了共同认知的理论依据和制度框架。也正是在传统国际税收理论和规则的指导下，世界各国通过国内法或国际税收协定等形式，较好地解决了主权国家之间的税收管辖权冲突与协调问题，有效地避免了双重征税，促进了资本、技术和人员的自由流动。当前存在的主要问题是，由于国际税收理论和规则是建立在属人法、属地法和经济主权等原则基础之上的，当时国际税收收入的来源主要为实体经济和有形贸易，数字经济并未出现，虚拟经济和知识产权贸易也没有像今天这样发达，各国按照传统国际税收理论和规则行使税收管辖权，界定居民企业和非居民企业税收法律身份及纳税义务，划分境内所得和境外所得，确定国际税收分配原则和方法，并通过建立转让定价、资本弱化和受控外国公司等反避税机制保护税基，取得了积极成效。但在数字经济条件下，跨国公司的避税行为更为隐秘，手段也变得更为专业和激进。一些国家和地区为了增强吸引力和竞争力，又相继出台了一些税收优惠措施，有害税收竞争随之加剧，这为跨国公司激进甚至恶意的税收筹划提供了机会和可能，以致传统国际税收理论和规则常常显得无奈，税基侵蚀和利润转移问题愈演愈烈。

对此，有两种不同的认知。其一，认为应顺应经济全球化数字化潮流，以开放包容的心态，默认国家边界模糊、主权弱化的事实，对税基侵蚀和利润转移问题虽应高度关注，但不宜过度宣染，可以放弃部分国家税收权益为代价，加快我国融入经济全球化数字化的步伐，早日实现经济转型和产业升级。其二，认为经济全球化数字化虽然使国家边界变得有些模糊、主权变得有所弱化，但并不意味着由此可以实现世界大同，且当今世界各国发展的不平衡性，文化传统的差异性，以及对国家利益的不同认知，决定了传统国际税收理论和规则传承的必要性，那种认为可以放弃部分国家税收权益的想法，实际上是过于理想化，其结果往往是维护了发达国家或跨国公司的利益，损害了发展中国家的利益，这显然是事与愿违的。以上两种认知，有其积极的一面，但也存在一定的局限性。我以为，理论和制度创新，实质上是一个传承和发展的问题。传统国际税收理论和规则历经百年，已为各国普遍接受，不宜轻言放弃，仍应成为国际税收实践的指南。但与此同时，应与时俱进、开拓创新，并通过加强国际合作与协调，建立一套兼顾发达国家和发展中国家以及跨国公司利益的国际税收新理论新规则，努力开创一种既能避免双重征税和双重不征税，又能按照经济活动实质分享税收管辖权的双赢或多赢局面，促进国际经济贸易的健康有序发展。

（二）正确把握理论制度创新与国家发展战略的关系

我国作为一个发展中大国，正处于经济发展方式转变和经济结构调整的关键阶段，“新一轮科技革命和产业变革正在孕育兴起，全球科技创新呈现出新的发展态势和特征，实施创新驱动战略，努力推进新技术替代旧技术，智能型技术替代劳动密集型技术，是解放和发展社会生产力，不断提高劳动生产率，实现经济社会持续健康发展的必然选择”。此外，从我国对外关系看，我国经济规模的扩大和对外投资实力的增强，对现存的全球资源配置、市场份额和利益格局产生了一定的冲击，引发了不同国家的猜测、抵触和疑虑，和平发展、共同发展、尊重各国主权、实现互利共赢已成为我国处理对外关系的基本原则。

为此，一要深入研究发达国家鼓励技术创新和新兴产业发展的经验和做法，并借鉴国际经验，制定鼓励技术创新和替代的税收优惠办法，增强我国吸引投资和创新的竞争力，为国家经济转型和创新驱动战略服务。二要从我国已成为资本输入国和输出国的实际出发，既考虑当下，正视我国作为发达国家品牌产品生产地和无形资产研发地的现实，继续坚持选址节约、成本节约和市场溢价等原则，并完善具体实施办法，妥善解决税源与税收收入背离问题，维护国家税收权益，又兼顾长远，研究制定合理确认资本、知识产权、选址节约、成本节约、市场溢价等因素对超额利润的贡献度及关联企业间利润配比的原则和方法，积极协调国际税收分配关系，促进国际投资和知识产权的开发、保护和利用。

（三）制定应对税基侵蚀和利润转移的有效办法

传统居民企业的判定标准主要有注册地标准、总机构标准、实际管理机构标准等，常设机构判定标准主要有固定营业场所、雇用人员或雇用代理人标准等。但在经济全球化数字化浪潮推动下，跨国公司已完成从特定国家的运营模式向区域性、全球性和集约型一体化运营模式的转变，且国际互联网使企业与消费者之间的跨境交易变得更为容易，面对这种情形，传统国际税收规则往往显得滞后和无奈。此外，由于数字产品对无形资产的高度依赖，大量的数据应用和普遍采用的多边商业模式从免费产品获得的溢出效应，以及确认价值创造发生在哪个国家，属哪国税收管辖的难度，都提出了一个根本性的问题，即在数字经济条件下，企业如何实现增值和获取利润，数字经济与所得来源地和居住地税收管辖权概念有何联系？

对此，一要系统研究数字产品的价值链及利润配比环节和方式，以便确定是否需要运用或在什么程度上运用传统国际税收规则，应对税基侵蚀和利润转移问题，并积极拓展居民企业、常设机构和境内来源所得等定义的新内涵。二要针对跨国公司激进的税收筹划，借鉴国际经验，对混合错配案例进行梳理归类，从中找出内在的联系和规律，并从技术层面制定有效的应对办法。三要加快我国税收优惠清理的步伐，切实解决好区域间有害税收竞争问题，以防止无序的区域性税收优惠对国际税收政策效应及管理效率的抵减，创建公平有序的市场经济大环境。

（四）探索数字经济下税收管辖的新规则

为应对数字经济对传统常设机构税收管辖规则的冲击，发达国家在软件外包、服务外包、跨境电子商务领域的税收政策和管理研究已经领先。据此，要深入研究发达国家和发展中国家的不同认知和做法，特别是要加强对新商业模式和新兴业态的调研，探索制定税收管辖新规则，并积极稳妥地处理好传统税收管辖原则与新规则之间的传承与创新关系，凡能运用传统税收管辖原则解决常设机构判定的问题，不一定寻求建立新的规则，反之，则应从实际出发，大胆地探索和创新。当前，研究重点宜放在跨境数字产品交易和软件开发对传统常设机构判定标准的冲击，以及电子商务线上交易和线下交易对跨境税源管理的影响，为创立数字产品和电子商务税收管辖新规则，提供经验和依据。

（五）完善“走出去”企业税收政策和管理

新《企业所得税法》实施后，我国初步建立了“走出去”的国际税收管理机制，其主要内容包括居民企业对外投资与劳务所得的申报纳税和抵免、特别纳税调整，以及双边税收协定有关居民身份和常设机构判定、营业利润归属、联属企业、税收抵免、股息利息和特权使用费限制税率征税、情报交换等规定。但随着我国经济地位的提升和企业实力的增强，“走出去”企业已从早期的设立境外分支机构营销出口产品、对外承包工程，发展到今天的投资于商务服务业、采矿业、批发和零售业、制造业、建筑业和交通运输业，并通过境外并购等方式，进军房地产业、先进制造业、现代服务业和高科技研发领域，面对的国际税收问题也越来越多、越来越复杂。因此，有必要进一步完善相关税收政策和管理，加强对“走出去”企业的个性化服务，广泛征询“走出去”企业的意见和需求，并主动加强与东道国的国际税收协调，帮助“走出去”企业解决一些国际税收争议和难题。

（六）推进国际税收管理信息化

税收管理信息化是实现税收管理现代化的重要标志，西方发达国家在税收管理中普遍重视运用现代信息技术手段，尤其是在税收风险分析、应对税基侵蚀和利润转移等领域，成效显著。目前，我国税收信息化处于集成和数据管理阶段，国家税务总局正在抓紧推进“金税三期”建设，国际税收信息化管理应成为“金税三期”建设的重要组成部分。据此，应在研发和建立网上办税、业务处理和决策支持三大板块的相关业务系统时，统筹考虑国际税收管理在信息采集、特别纳税调整、应对税基侵蚀和利润转移等方面的特殊需求，建立与之相适应的数据模块和国际税收风险分析平台，为系统地、前瞻性地应对国际税收管理中的热点难点问题，提供便捷高效的信息技术支撑。

参考文献

[1] 深刻领会企业所得税制改革的重大意义[N]. 中国税务报，2008-01-07.

[2] 习近平. 加快实施创新驱动发展战略　加快推动经济发展方式转变[OL]. 人民网，2014-8-18.

[3] OECD（2013）. Addressing Base Erosion and Profit Shifting.

[4] OECD（2013）. Action Plan on Base Erosion and Profit Shifting.

税收战略管理的国际趋势与中国应对

霍军，1963年5月生，广西壮族自治区国家税务局科研所所长，研究员。

税收战略管理是借助战略管理工具，通过改良税收管理领域的决策程序和税务管理组织的运作方式，以提高税务管理质效为目标的一种全方位的过程管理，主要指中期战略管理。它是现代公共管理的新思维和有机组成部分。在经济税收日益全球化的国际环境中，税收战略管理的国际常态，既对中国税收管理构成挑战，也为中国税收管理提供了可资借鉴的范式。科学认识和把握国际税收战略管理发展趋势，总结税收战略管理的国际范式，对于变革中国税收管理具有重要借鉴意义。

一、税收战略管理的国际趋势

追踪国际税收战略管理的发展趋势，旨在总结税收战略管理的国际范式，为中国税收管理的变革提供可资借鉴的思路。

（一）税收战略管理的常态

战略管理是当今社会公共部门管理的重要理念，战略管理能力是现代公共部门领导力、决策力和保障力的重要组成部分。税务部门是政府重要的公共部门，实施有效的税收战略管理是新公共运动的客观要求，有助于税务部门适应环境的变化，确定具有前瞻性的发展目标，强化税务管理组织的适应能力和竞争力，提升税务行政运行效率。

随着现代公共管理改革的发展，税收战略管理作为一种新的管理途径和思维方式日益引起世界各国税务管理组织的高度重视，因此，周期更替并对外公布中长期税收战略规划已经成为各国税务管理的一项常规制度和常态化工作。

（二）税收战略规划要素架构的国际范式

税收战略管理是税收管理者立足于税务管理组织的长远发展方向，制定与内外部环境相适应的税收战略规划，并采取相应的措施实现税收战略规划的过程。因此，税收战略规划既是税收战略管理的载体，更是税收战略管理的核心。

税收战略规划是税收战略管理的具体形态，必须遵从战略管理的一般规范。多数国家的税收战略规划都体现着战略管理的规范，其要素架构体系形成了基本范式，即由税收管理战略的使命、愿景、核心价值、目标、基础、行动计划、支出预算计划、透明度建设和绩效管理等要素构成的完整体系。税收管理战略的使命、愿景、核心价值和目标统称为税收管理战略的主旨要素，各国税收管理战略主旨通常是统一的，并决定着特定时期税收管理战略的方向。税收管理战略的基础承担着为税收管理战略的实施提供人力和技术支撑的重任。税收战略行动计划是税收管理战略的实体，是税收业务改革的实施方案。税收战略支出预算计划是实施税收战略行动方案的财力保障，是税收管理战略不可或缺的有机组成部分。税收战略规划的透明度是现代政府管理的题中之义，透明化管理有助税收战略的执行。税收战略的绩效管理旨在保障战略的有效实施和取得实效。税收管理战略的上述要素相辅相成，共同构成税收战略规划的完整体系。

（三）“专业”的战略价值取向

专业化管理或管理的专业化，是指集中有限的管理资源投入到最能产生管理效益的活动中去，以获得更高效率、更多效益和更强竞争力，它是现代市场经济条件下政府公共管理的客观要求。在电子化、信息化、网络化时代，只有实行专业化管理，才能提高现代税收征管的技术性要素，提高税收管理岗位的信息水平和专业知识水平，提高管理过程迂回度，为税收管理对象提供更具专业水准的税收服务和税收执法，从而提高纳税人对税收的认同度，促进税收遵从，并进一步提高税收管理的效率。因此，

“专业化”成为大多数国家税收管理战略的核心价值选择。

（四）“服务＋执法＝遵从”的战略目标新程式

由“执法＝税收收入”“服务＝遵从”的传统战略目标，向“服务＋执法＝遵从”的战略目标新程式演进，这是税收战略目标发展的国际趋势。这一趋势反映了税收战略管理由偏好数量目标转向偏好质量目标，由单纯追求组织收入功能转向关注和谐的征纳关系，由放大服务对遵从目标的决定作用回归服务与执法对遵从目标的同等作用。在“服务＋执法＝遵从”的战略目标新程式下，税收服务和税收执法只有分工不同，但地位平等、目标一致、共同统一于税收遵从的总目标下，它强调应该而且必须做到执法与服务的平衡。

（五）“人力资源＋技术改进”的战略支点

税收管理战略的实现依赖于许多条件，其中，人才资源和技术进步是最重要的支撑基础，这在各国已取得共识。许多国家的税收管理战略提出，“一个高效的税务管理系统关键在于税务人员的专业能力”；对现有的技术进一步投资，为税务人员进行有效税务管理和满足纳税人的需要，提供世界级的技术系统，以进一步改善税收服务和税收执法。因此，许多国家的税收管理战略，不论发达市场经济国家还是发展中国家，都非常重视税务系统内部的基础建设，基本都把“人力资源开发和技术改进”视为提高税收服务和税收执法水平的关键，并作为战略支点配套高绩效的专项投资加强建设，确保税收管理战略的可持续实施。

（六）规范、公开的战略预算支出计划不可或缺

税收战略预算支出计划是税收管理战略的有机组成部分，以保证税收管理资源合理分配到管理战略实施的不同阶段和各行动项目，为税收管理战略的顺利实施提供物质保障。税收战略预算支出计划除了要报告财政部、审计署，接受政府内部的监督之外，还要通过信息公开的方式，接受社会公众特别是纳税人的监督，让纳税人更好地掌握他们缴纳的税款是否得到合理有效的使用，达到促进纳税遵从的目的。

（七）从战略高度把握管理战略的透明度建设

税收战略规划的更大透明度，一方面，可以让公众更好地把握税务部门的职责和战略目标、策略，从而更好地提高税收遵从度；另一方面，更有利于内外部利益相关方对税收战略规划实施全程进行监督，推动税收战略规划目标的实现，不失为双赢的选择。因此，许多国家，把战略规划的透明度建设纳入战略管理，在税务机构门户网站公开税收管理战略规划和实施信息，接受内外部利益相关方的监督。

二、国际税收战略管理对中国的挑战

新公共管理运动引导下的公共部门战略管理的发展趋势，对处于变革中的中国税收战略管理既是机遇，也是挑战。它在给中国税收战略管理创新提供可资借鉴的国际范式的同时，也使尚保留计划经济体制痕迹的中国税收战略管理范式面临空前的压力。

（一）中国税收战略管理的双向非常态

相对于国内和国外，中国税收战略管理都是非常态。中国宏观战略管理和国际税收战略管理双双呈现周期更替和公布战略规划的常态。中国宏观战略规划的周期为5年，即每隔5年重新制定并以规范性文件形式对社会公布新5年的宏观战略规划，从1953年制定和颁布第一个五年计划开始，至今已连续制定和颁布了十二个五年计划或规划，真实地展现了中国宏观战略计划的演进轨迹。各国税收战略规划以4至5年的周期居多，定期制定和公布战略规划已经制度化、常态化。中国税收战略规划既是本国宏观战略规划体系的有机组成部分，也是国际税收战略规划体系的成员，它的管理却背离战略规划管理的常态路径。新中国成立以来，制度化的税收战略规划起步于“十二五”，“九五”和“十一五”时期偶见“发展思路”的非正式规划，这与税收的宏观管理地位、与中国税收的国际地位极不相称。缺乏战略规划指引的中国税收管理，难免陷入策略管理的沼泽，在不断的试错中摸索前行。

（二）税收战略规划要素架构的“转轨范式”

中国社会主义市场经济体制由长期的计划经济体制转轨而来，国家宏观管理战略规划包括税收战略规划沿袭同样转轨经济国家苏联的模式。从2005年制定的“十一五”规划开始，原来的“计划”更名为“规划”，在内容的表达上也有了一些新变化，体现了中国社会主义市场经济进一步完善的特点。

但是，中国宏观（税收）战略规划的要素结构体系变化不大。如《中华人民共和国国民经济和社会发展第十二个五年规划纲要》[①]，其要素结构体系为：发展环境、指导思想、主要目标、政策导向、发展重点及任务（涵盖经济社会各领域）和强化实施等；而国家税务总局关于印发《“十二五”时期税收发展规划纲要》（国税发〔2011〕56号）的要素结构体系也如出一辙：“十一五”成绩、“十二五”新形势新任务、指导思想、基本原则、主要目标、发展重点及任务（涵盖税收业务和行政管理的主要领域）、保障体系等。中国这种宏观战略规划体系的“转轨范式”，显然与公共管理战略规划体系的国际范式分属不同的语境，表明中国宏观战略规划及由之决定的税收战略规划，都没有完成向公共管理战略规划体系转变的任务，与完善社会主义市场经济体制阶段的现实背景不那么契合。

（三）核心价值要素缺位，但专业化管理实践隐含了核心价值

中国税收战略规划体系中“核心价值”要素缺位。中国语境下的税收战略规划体系，始终没有核心价值要素的存在，这有悖公共战略规划体系的规范，无以引领税务管理组织形成核心能力和核心竞争力。虽然中国语境的战略指导思想要素与国际语境的战略核心价值要素可以相通，但由于两个要素代表了不同的理念和立场，核心价值代表管理理念，而指导思想却代表政治立场，两者不能互换，不可替代。

但是，“专业”已获得提升为中国税收战略规划核心价值的

① 2011年3月14日第十一届全国人民代表大会第四次会议通过该纲要。

条件。“专业”的核心价值已内化于中国税收专业化管理的探索中。2008年，全国税务工作会议上，国家税务总局遵从税收管理规律，顺应国际税收管理演进趋势，并基于中国国情、税情，做出了大力推行税收专业化管理的重大决策，其后陆续开展了税源专业化管理和大企业税收专业化管理的探索，并取得初步成效。由于契合了国际税收战略规划追求“专业”核心价值的取向，它为倒逼“专业”提升为中国税收战略规划的核心价值奠定了实践基础。

（四）“服务＋执法＝遵从”的战略总目标程式缺位

多元、发散的主要目标替代总目标。税收战略规划只有主要目标，总目标或核心目标缺位。如《国家税务总局关于印发〈“十二五”时期税收发展规划纲要〉的通知》（国税发〔2011〕56号）只确定了“十二五”时期税收发展的主要目标，即：“税收收入随经济发展实现持续稳定增长。税收法治环境继续得到改善。税收调控作用有效发挥。纳税服务水平显著提高。税收征管质量和效率不断提升（税源专业化管理深入推进，税收征管科技应用水平大幅度提升）。干部队伍素质明显增强（高素质专业化人才队伍基本建成，干部队伍的综合素质和岗位技能显著提升）。党风廉政建设扎实推进。”在此，主要目标是多元发散的，涵盖了税收增长、税收法治、税收调控、纳税服务、征管、队伍管理和廉政建设等关键业务、非关键业务，甚至非专业业务，难以把握税收战略发展的大方向。

目标榜上税法遵从无名。在税收战略规划中，税法遵从不仅登不上总目标的宝座，甚至在主要目标体系中也找不到它的位置。这反映出税法遵从在税收战略管理中的核心作用还未能得到应有的认识，从而税法遵从的核心地位也无从确立。

关键业务地位模糊、与税法遵从失联。“十二五”时期税收发展的主要目标体系中，纳税服务和征管两大关键业务要素排在居中位置，地位不及收入、法治和调控等非关键业务要素。并由于税法遵从目标的缺位，无从对接税法遵从目标，最终导致“服务＋执法＝遵从”的战略总目标程式缺位。

（五）“技术改进”独木难支

“队伍管理”错位。在公共税收战略管理体系中，除了税收服务和执法两大关键业务要素外，其他要素都是为关键业务要素服务的。人力资源要素归属税收战略基础子系，与技术改进要素共同构成两大战略支点，即“人力资源”+“技术改进”＝双战略支点，共同支撑和保障税收战略行动计划的有效实施。但是，《“十二五”时期税收发展规划纲要》却把队伍管理列入“十二五”时期税收发展的主要目标体系，与它的服务对象一起并列其中。队伍管理的角色错位，导致税收战略支点失衡，“技术改进”独木难支。

人力资源管理未到位。队伍管理不等同于人力资源管理，从而不能担当税收战略支点。当下，税务队伍管理正朝着向人力资源管理方向努力，当这种努力变成现实的时候，人力资源管理才会到位，才能担当起战略支点的重任。

（六）战略预算支出计划缺位

传统的财税理论一直把税收收入和财政预算支出作为两个

不同的财税范畴、财政活动的两个不同空间加以研究，对两者联系的分析主要体现在总量平衡上。由于尚缺乏税收战略管理支出计划的理念，在税收战略规划的要素体系中，不可能考虑安排税收战略支出计划。即使安排了税收战略规划的专项经费，也不会像政府财政预算支出那样受到严格的审查和控制，这种体制缺陷自然无法形成对税收战略规划进行总量、方向、效益和风险的预算控制，从而无法保障税收战略项目的管理效率和纳税人的知情权。

（七）战略规划的外部闭合

中国现行税收管理战略内部透明但外部闭合。中国税收战略规划内部透明度建设，正式启动于“十二五”税收战略规划纲要。其标志是国家税务总局以税收规章为载体在全国税务系统内部网站公布了《“十二五”时期税收发展规划纲要》。但是，在外部公开透明方面，中国将税收战略规划视同税务部门内部行政管理文件，对社会基本不开放、不宣传，从而制约了纳税人的知情权、参与权和监督权的实现。显然，对外封闭的中国税收战略规划管理离国际规范做法尚有较大距离，也不符合税收法定原则和公共政策管理对透明度的要求。

三、中国税收战略管理的应对策略

在经济全球化成为世界经济发展主流这一大背景下，中国要认清改革的必然性，在尊重国情和规律中顺势而为，遵循国际“游戏规则”，借鉴公共税收战略管理的国际范式，创新中国税收战略管理模式。

（一）打造中国税收战略管理的新常态

公共战略管理与策略管理不同，它主导公共管理组织的长远发展方向，控制公共组织长远发展的主动权，不能朝令夕改，必须保持稳定性。但是，公共战略管理的内外部环境却总是处于不断变动中，只有顺应环境的变化，适时调整战略方向和行动方案，才能掌握战略管理的主动权，这又必将冲击战略管理的稳定性。而周期性和连续性恰好解决了战略变动调整与稳定性的兼容问题，成其为公共部门战略管理的特质。一般4至5年一个周期。一个周期的结束，另一个新周期又同时继起，如此循环往复，周而复始，生生不息。这正是公共战略管理的常态。

打造中国税收战略管理的新常态，就是要打破中国现行税收战略规划临时安排的非常态，参照公共战略管理的常态标准，沿袭中国宏观战略规划5年周期的惯例，建立一个制度安排下5年周期循环更替的中国税收战略管理的新常态，从制度上保障税收战略规划的周期性和连续性。

（二）在国际范式坐标下重构中国税收管理战略规划框架体系

经济体制有不同的模式，社会发展有阶段性，不同经济体制或发展阶段的宏观管理战略都会烙上明显的体制和时代印记。发达市场经济国家沿着市场经济体制的轨迹由相对不发达走向发达，没有经历计划经济体制，社会发展已基本定型，其公共管理战略规划包括税收战略规划建立在市场经济体制背景下，战略规划的结构体系更成熟，也更契合市场经济体制的特质，更好地表达了公共管理规划的内在规律，代表着公共管理战略规划的基本规范和主流范式。

面对一个开放的国际经济环境，正走向更完善的社会主义市场经济体制的中国应当顺应世界潮流，抓住“十三五”规划期的契机，以国际范式为参照系，重构一个符合国际规范的中国税收战略规划要素结构体系。

（三）确立“专业”的核心价值取向

引入核心价值，填补中国税收战略管理的“灵魂”缺位。核心价值是战略管理组织拥有的区别于其他管理组织的、不可替代的、最基本、最持久、最核心的信念或组织特质，是管理组织赖以生存和发展的根本原因。只有当核心价值明确的时候，战略管理才可能多方面寻找和培育实现核心价值所需要的能力，即核心能力。如果没有核心价值引导，管理组织面临环境的变化，只会进行一次次“无主题”式的“战略调整”等管理活动，战略的核心能力将无法形成，最终走向衰弱或消失。

凝练“专业”上升为中国税收管理战略的核心价值。核心价值既指导管理活动，也来自管理活动，要通过管理活动来实现，特别是能形成核心能力的管理活动，这部分活动就包含核心价值的关键成功要素。当管理组织由关键成功因素构成的核心能力得以进一步验证和强化，管理组织的核心价值也就形成了。“专业”独具的管理质效，确立了它在国际税收管理战略中的核心价值地位。而中国税收专业化管理在征管领域的探索，也体现着“专业”的价值取向，它在关键管理业务所产生的征管能力也验证了“专业”的管理价值，因此，当凝练“专业”并将其上升为中国税收管理战略的核心价值。显然，中国税收管理战略核心价值的形成植根于中国税收征管专业化实践的沃土，寻找到了区别于国际社会的中国特色路径。

深度拓展“专业”核心价值的引领领域。核心价值的功效在于引领各项管理活动特别是关键要素的管理活动，推动形成管理的核心能力。因此，要启动“专业”核心价值对中国税收战略行动计划的引领作用，将“专业”价值的引领领域向纳税服务、人力资源管理、技术管理、组织机构管理、政策管理等方向拓展，特别要强调“专业”价值对税收服务管理和税收执法管理这两个关键要素的引领，配置税收专业管理人才、税收专业管理团队、税收专业管理技术和税收专业管理组织，提供专业的纳税服务和专业的税收执法，增进税收专业管理能力，提升税收专业管理水平。

（四）追求“服务＋执法＝遵从”的战略总目标程式

“服务＋执法＝遵从”的国际税收管理战略目标新程式，诠释了税收管理战略目标的税收法定原则和精神，体现着以纳税人为中心的理念以及对重构和谐征纳关系的重视，契合税收治理体系现代化的方向，因此，成为走向税收现代化进程中的中国税收管理战略追求的目标模式。

重新定位战略总目标于税法遵从。保持核心价值和核心使命不变，同时又使战略目标、战略行动适应变化的环境，这是管理组织不断自我革新并持续取得优秀业绩的原因。在经济税收全球化深度推进的背景下，中国税收管理战略总目标的定位，既要考虑与中国制度背景的契合，还要考虑国际税收管理战略目标的演进趋势，适时作出调整，将传统的追求税收收入总目标转向税法遵从的新目标。

厘清“服务＋执法”与税法遵从的关系。税法遵从度是税收管理能力的最集中反映，提升税法遵从度是税收战略管理追求的最基本绩效，也是纳税服务和税收执法的终极目的。税法遵从贯穿着纳税服务和税收执法的全过程，决定着纳税服务和税收执法的全部内容。纳税服务和税收执法的过程就是实现税法遵从的过程，而实现税法遵从的过程也是纳税服务和税收执法的过程。它要求把纳税服务和税收执法统一到促进税收遵从上来，即从税收遵从的要求出发，通过专业的纳税服务，促进更多的自愿遵从；通过专业的税收执法，强制税法遵从，从而减少税法不遵从。

重构税收服务与税收执法的平衡关系。纳税服务是现代公共服务理论的产物，坚持以纳税人为中心的理念，追求促进自愿遵从，因此，被提升到与传统税收执法业务同等重要的地位，构成税收战略管理的两大关键业务要素。在税法遵从的框架下，纳税服务履行促进税法自愿遵从的职责，而税收执法则履行强制税法遵从或减少税法不遵从的职责，两者奔着共同的目标各司其职、和谐相处，地位平等，两者既不可替代，更不可偏废。基于此，发达经济国家特别强调要平衡税收服务与税收执法在促进税法遵从中的关系，它启示着中国税收战略管理要重新认识并重构税收服务与税收执法的平衡关系，服务和执法两手都要硬。

（五）打造“人力资源＋技术改进”的双战略支点

在税收战略管理中，税收人才资源管理和技术管理都是提升税务组织专业能力和水平的重要支撑，它们自身并不是税收业务管理，而是为纳税服务和税收执法等专业管理提供服务的。人才资源管理为税收专业管理提供专业人才支撑，着眼于改进税收专业的质量能力；税收技术管理则为税收专业管理提供技术支撑，着眼于改进税收专业的效率能力，两者互为作用，共同推进税收战略管理的质效水平。因此，在中国税收战略管理框架下，首先，要纠正税务队伍管理的错位，即把税务队伍管理从税收业务管理板块中剥离出来，归并到它职责所属的税收战略基础管理板块。其次，要实现税务队伍管理到税务人才资源管理的转身，即要由管事为中心的队伍管理转变为以“开发人的潜力”为原则、以人为中心的人力资源管理，成为足以支撑税收专业管理使命的战略支点。最后，重点投资人力资源管理和技术管理，在战略基础管理中，要重点投资人力资源管理和技术管理，把两者打造成为税收战略基础管理板块中最具实力的两大支点。

（六）引入科学规范的税收战略预算支出计划

引入税收战略预算支出计划，弥补中国税收管理战略体系的“财力”缺位。税收战略预算支出计划是政府财政预算支出计划的一种形式，是保障税收战略项目管理效率的有效工具，是税收管理战略体系中不可或缺的要素。因此，要引入税收战略预算支出计划，以健全中国税收管理战略体系。

遵从国际范式，构建科学规范的税收战略预算支出计划。借鉴财政预算支出管理制度，与税收管理战略相配套，编制科学规范的税收战略预算支出中期计划和年度计划，科学控制税收管理战略支出规模、方向、效益和风险。从法律上规定税务机构每年要向财政和审计部门提交税收战略预算支出报告，接受“内部人”的专业审计监督，保障税收战略项目的管理效率；同时，还要定期通过税务官方网站向社会公布税收战略预算支出计划的实施情况，便利“外部人”的权利监督，保障纳税人知情权和监督权。

（七）推动税收管理战略的公开透明

公开透明是公共政策的重要特征，是中国法治、责任和服务型政府建设的内在要求，是人民基本知情权的前提保证。没有公开透明的公共政策，就没有人民的参政议政，也就没有法治和责任政府。因此，要遵从国际规范，着力推动中国税收管理战略的公开透明。

把税收管理战略纳入税收信息披露的法规清单。区别于一般的税收内部行政管理，税收管理战略是公共税收政策的有机组成部分，应视同公共税收政策列入税收信息披露的法规清单，定期对外公布。

以“十三五”战略规划机遇期为契机，对外公开“十三五”时期中国税收管理战略。税收管理战略也是国家经济管理战略的有机组成部分。中国即将迎来“十三五”战略规划机遇期，国家税务总局应顺势而为，以此为契机，遵从“中华人民共和国国民经济和社会发展五年规划纲要”公开的惯例，将“十三五”中国税收战略规划、实施进程和阶段成果，通过国家税务总局网站或其他途径向社会定期公布，保障纳税人的知情权、参与权和监督权，接受广大公众的监督。

参考文献

［1］Tax Notes International. Vol.1–30，2009–2011（1–12）.

［2］www ibfd.orgffax News Service. 2009–2011（1–12）.

［3］www.cchonline.ca l Global Daily Tax News，2009–2011（1–12）.

［4］中国国际税收研究会. 世界税收发展研究报告（2009）［M］. 北京：中国税务出版社，2010.

［5］中国国际税收研究会. 世界税收发展研究报告（2010）［M］. 北京：中国税务出版社，2011.

［6］中国国际税收研究会. 世界税收发展研究报告（2011）［M］. 北京：中国税务出版社，2012.

［7］中国国际税收研究会. 世界税收发展研究报告（2012/2013）［M］. 北京：中国税务出版社，2013.

［8］战略管理. MBA智库百科，http://wiki.mbalib.com/.

［9］国家税务总局关于印发《“十二五”时期税收发展规划纲要》的通知，国税发〔2011〕56号。

［10］国家税务总局. 关于我国税收发展与改革——“十五”税收工作和“十一五”税收发展与改革. 情况通报，2006（8）.

1994年以来，税制改革二十年的回顾与展望：国际化的视角

罗秦，1975年11月生，上海立信会计学院财税学院副院长、副教授。

一、问题的提出

党的十八届三中全会指出“财政是国家治理的基础和重要支柱，科学的财税体制是优化资源配置、维护市场统一、促进社会公平、实现国家长治久安的制度保障。必须完善立法、明确事权、改革税制、稳定税负、透明预算、提高效率，建立现代财政制度，

发挥中央和地方两个积极性”。这意味着，在1994年实行分税制20年之后的新一轮财税改革大幕将启。税制设计是财税改革中的关键内容，因为税制既影响纳税人与政府之间的收入分配关系，又引导纳税人的各种行为选择，还对产业发展、国家竞争力、社会现代化等产生重要效应，可谓“牵一发而动全身”。对我国税制改革20年的回顾与展望，可从多种视角、多个层面展开。本文选择国际化作为研究主题，主要基于如下几点考虑：

其一，改革开放36年，特别是2001年加入WTO以来，我国经济已深深地融入经济全球化，纳税人国际化、税源国际化等特征日益凸显。经济决定税收。我国税制建设必须在过去20年的基础上继续加快国际化进程。

其二，2008年，国际金融危机后，世界经济历经了从萧条到温和复苏、低迷增长，呈现出新动态、新形势、新格局、新挑战，经济全球化的驱动力、世界经贸格局、国际产业竞争与合作的态势等正在发生重大变化，世界税制改革因而呈现许多新动态，国际税收规则面临重塑，税收竞争加剧，税收全球治理受到更多关注，这些已经并将继续对我国的税制改革产生重要影响。

其三，我国经济总量已跃居世界第二位，成为第一大出口国、第二大进口国、第二大吸收外资国、第三大对外投资国、第一大外汇储备国，虽为我国进一步扩大开放提供了坚实的物质基础，但经济发展中沉淀、累积的各种深层次矛盾不断凸显。面临“全面提高开放型经济水平”的新任务，而现行税制尚未完全适应促进扩大开放、构建开放型经济新体制的新要求，主要体现在：税制建设的国际化视野有待进一步拓宽，税制国际竞争力有待提高；国际税收交流与合作的广度和深度需要拓展，维护我国税收权益和保护跨境纳税人合法权益的任务十分繁重；支持企业"走出去"的税收措施尚不完善，难以适应不断扩大开放的新形势[①]。因此，更需要从国际化的视野思考如何进一步优化我国税制建设。

二、对税制国际化的一些认识

谈税制国际化，必先讨论税收国际化。税收国际化源于经济全球化，是经济全球化产生的相关税收问题的总称。经济全球化带来了纳税人的国际化、税源的国际化，所得的国际化等，必然要求各国的税收制度与税收政策相互协调，并加强税收征管国际互助与协作。从200多年前为解决关税贸易壁垒产生的关税协调，到100多年前为解决所得双重征税产生的国际税收协定，再到现今日趋激烈的税收竞争、反避税及引发税收全球治理的BEPS，税收国际化问题已愈加广泛、复杂而重要。

一般地，税收国际化包括税收制度国际化、税收政策国际化和税收征管国际化。其中，税制国际化是核心，包括税制结构、税种组成和税种内容三个方面的趋同与相互协调。[②]本文侧重探讨税制国际化问题。关于什么是税制国际化，国内有如下一些代表性的表述：王保安（1998）[③]提出，在全球经济一体化的形势下，税制国际化是一种必然选择。完善我国税制，应考虑国际共

---

① 王军．深化税制改革，服务发展大局［OL］．人民网，2013-12-16．

② 李海莲．论税收国际化趋势下我国的涉外税制［J］．税务与经济，2006（6）．

③ 王保安．税制国际化与我国税制改革的若干问题［J］．涉外税务，1998（4）．

性的税制优化原则。靳东升（2003）[①]指出，税收国际化可以是一个税种的国际化，也可以是税收制度的国际化，还可以是税制变动趋势的国际化。各个国家为了适应生产的国际化，必须使本国税制遵循国际“标准化”的发展趋势，从而使全球范围内的各国税收制度更加相互兼容、相互衔接，有利于税收的国际协调。李海莲（2006）认为，税制国际化是指税收制度的制定要充分考虑国际经济领域中各国税制的联系、运行规律和共同特征，要符合世界税制改革与发展趋势。税制国际化包含两层含义：一是在WTO原则框架下设置税制；二是充分借鉴国外税制改革的成功经验。郝昭成（2009）[②]指出：税收制度的国际化是遵循税收国际准则和国际惯例提出来的。中国税制的国际化要把握三个标尺：一是与WTO框架下税收准则的对接；二是与国际税收概念和惯例的对接；三是注重国际税收的协调与合作。

1994年税制改革20年后，恰逢我国处于国内外经济形势深刻变化的关键时期，探讨税制国际化须结合新的国际国内经济与税收形势，并赋予其新内容：其一，税制建设应更积极借鉴他国税制改革经验，更主动地融入世界税制发展大潮并与之对接；其二，税制改革能进一步促进对外开放，通过自身不断优化，促进国家竞争力提高，参与和引领国际经济合作竞争新优势；其三，税制“国际化”是一种进程、一种趋同，代表不断地努力，但不可能实现绝对“国际化”的税制，因为，无论经济如何全球化，税收在本质上仍属于一国的主权范畴。这如同贸易自由化是一种

① 靳东升．税收国际化趋势［M］．北京：经济科学出版社，2003．

② 郝昭成．经济社会发展与税收制度的科学化、现代化、国际化［J］．涉外税务，2009（4）．

追求自由贸易的进程，却不可能实现真正彻底的自由贸易；其四，税制不断地国际化，意味着国际税收问题在一国的税制改革与发展中凸显其特别重要性。换言之，国际税收管理水平是一国税制国际化程度的重要表现。

三、我国税制国际化的回顾、现状及不足

基于国际化视角对1994年以来的税制改革进行回顾与总结，不仅可以梳理我国20年税制改革中涉及国际化方面的思路与脉络，总结得失，更重要的是，有利于在新形势下展望、思考并设计税制国际化的目标、路径与方式。

（一）税制改革20年的简要回顾

我国现行税制基本框架是1994年为适应建立社会主义市场经济体制的需要而构建的。20年来，我国对税制进行了一系列的调整和完善，对实现政府财力增强和经济快速发展的双赢目标发挥了重要作用。特别是在2001年加入WTO之后，我国经济不断融入世界经济发展的大潮，已成为世界经济不可或缺的一个重要组成部分，我国的税制建设更多地借鉴世界税制改革与发展的经验，愈加公平统一和开放透明，呈现出更多的科学化、现代化与国际化特征，尤其是近年在参与国际税收协调与合作方面，取得较大成绩。我国税制改革20年的进程实际上是不断借鉴各国税制改革成功经验的历程，亦是逐步实现国际化的过程。本文认为，从国际化的视角，过去20年的税改可以分为两个阶段，可以2001年我国加入WTO为界点：

1. 1994年税制改革：国际化的初步探索与接轨

1994—2000年期间，是社会主义市场经济构建初期的税制改革。1994年，我国启动了新中国成立以来规模最大、范围最广、内容深刻、力度最强的工商税制改革，初步实现了多层次、多环节复合税制的简化、规范和高效统一。从税制国际化的角度来说，1994年，税制改革可看作是一次具有初步国际接轨意义的改革。“接轨”是指：与之前的多次税制改革相比，这次税改较明显地符合了始自1986年美国减税改革引领的世界税制发展大潮，如税制的简化（税种设置由原来的37个减少为23个），内资企业所得税与个人所得税的统一，流转税的全面改革，出口退税实行“零税率”等；“初步”是指：这次税改的国际化还是探索性、缓步性的，与真正的国际税收规则与惯例还存在较大差距，主要表现在：外资与内资企业所得税不统一，未体现通行的“国民待遇”；企业所得税制的国际化方面规定还比较弱化，如反避税规则；“生产型”增值税不符合国际惯例等。

这种初步国际化的税制既与当时的财税体制相关，也与当时经济的对外开放程度相联系。经济开放有一个过程，1994年，我国经济尚处早期的对外开放，主要表现在对外招商引资上，实施税收优惠政策的税收制度虽起到了一定的引资作用，但不利于内资企业成长，不符合市场经济的公平竞争原则，还导致许多外资企业利用税收优惠政策的漏洞进行避税，造成国家税收收入流失。

2. 2001年加入WTO：国际化进程明显加快

2001年至今，是社会主义市场经济发展完善时期的税制改革。2001年，我国加入WTO意味着我国开始加快融入经济全球化的进程，对外开放程度大幅提高。13年来，我国税制进一步体现出“既基本适应又不断完善”的特征。所谓适应，就是经过多年的改革已经初步建立了与市场经济相对应的税制，加入WTO只是促进了这一进程，而不是简单的推倒重来。而所谓完善，则是充分利用加入WTO的契机，不断顺应新形势加快税制改革的步伐，国际化特征日益突显，国际化进程明显加快。五个标志性事件可以反映这一“既基本适应又不断完善”的特征：一是根据入世承诺逐步降低关税；二是内外资企业所得税的合并；三是增值税转型；四是出口退税的不断调整与持续运用；五是税收法制化进程不断推进。[①] 其中，新企业所得税法专门增加了“特别纳税调整”一章，包括许多与国际税收规则接轨的反避税条款，反映了我国所得税法的国际化程度的明显提升。始自2012年1月1日的“营改增”正在有力地推动我国的增值税改革朝着现代型增值税方向不断完善，符合世界增值税发展的大方向。上述这些税改措施意味着我国税制已经并且将继续沿着与世界税制通行格局融合发展的道路前行。

这期间，我国税制的国际化特征更加明显是因为加入WTO极大促进了我国经济融入全球化的程度，信息化的加快更是放大了经济开放度的影响。国际间资本流动加快，高端人才竞争加剧，跨境购物频繁，国际税收竞争和合作要求构建相应的税收秩序，全球经济共同治理机制在形成，我国税制必须加快国际化进程，才能适应全球化的新变局。

① 邓力平，罗秦．税收发展与税制改革：加入WTO十年的思考［J］．税务研究，2011（5）．

（二）现行税制国际化的不足

对照税收国际化的一般规律，分析我国现行税制在国际化方面的不足，可以从税制结构、主要税种与国际税收等三个层面展开：

1. 税制结构失衡

目前，学界有一种主流观点：我国现行税制结构处于严重失衡状态，主要通过税收收入结构和税收来源结构表现出来。以2013年我国税收收入结构为例，在全部税收收入中，来自国内增值税、消费税、营业税等间接税收入的占比达64.12%，再加上间接税特征浓重的地方其他税种，整个间接税收入的占比超过70%，而来自企业所得税、个人所得税等直接税收入的占比仅为26.2%，两者比重大致为70：30。① 如进行国际比较，以OECD国家为例，根据笔者从OECD数据库检索的数据②，2012年，OECD国家完全是以直接税（包括所得税、社会保障税、工薪税和财产税）为主体，平均占全部税收的70%左右，而间接税（各种商品和劳务税），平均占全部税收的30%左右。

这一失衡税制结构的弊端有不少③，从国际化方面来看，主要有二：其一，在我国，最终消费者特别是负担增值税、营业税等普遍征收的货物和劳务税的中低收入者负担偏重，税收的累退性比较明显，而其他国家则是高收入者承担更多税负。税制结构失衡在很大程度上说明税负结构不甚合理，与通行国际规律有差

---

① 高培勇．由适应市场经济体制到匹配国家治理体系：关于新一轮财税体制改革基本取向的讨论［J］．财贸经济，2014（3）．

② 数据来源：Revenue Statistics: Comparative tables, OECD Tax Statistics (database)

③ 国内学界对此有诸多论述，在此不具体列举。

距；其二，货物和劳务税收入比重过高导致我国历年来出口退税数额偏大，已直接或间接引致了许多贸易摩擦[①]。在后金融危机时代，世界性贸易保护主义泛滥，居高不下的出口退税还有进一步加剧我国对外贸易摩擦的风险，值得关注。

2. 一些主要税种设计的国际化视野需进一步拓宽

（1）增值税：增值税作为我国第一大税种，其税制设计合理与否在我国税制体系建设中起着举足轻重的地位。从2009年增值税转型到仍在进行中的“营改增”，我国增值税改革已渐趋国际化，但由于各种原因，与现今世界性增值税发展大势相比还存在一些差距：现行增值税还存在多档税率，不够简化，与其“中性”本质相背离；“营改增”尚在进行中，金融业等还未纳入改革试点，全国范围内还存在税负不均，不利于市场统一；服务贸易出口退税还未完全实现等。

（2）企业所得税：我国企业所得税税率自2008年开始一直保持25%，但近年来很多国家都适当降低了所得税税率，尤其是在国际金融危机之后，旨在推动经济复苏、提升本国税制竞争力的世界性公司所得税减税趋势明显。在这种新形势下，我国企业所得税税率已不具备竞争优势，尤其是与周边的发展中国家相比。在国际资本流动出现新动向的情况下，如何提升我国的税制竞争力不容忽视。

（3）个人所得税：我国个人所得税采用分类所得税制，弊

① 据WTO统计数据，2013年我国超越美国成为货物贸易第一大国。在159个WTO成员中，我国是107个成员的前三大进口来源地，也是42个成员的前三大出口市场，还是48个最不发达国家的最大出口市场。我国能成为出口大国，大量出口退税是重要因素之一。

端明显，而多数市场经济国家都是采用综合所得税制。且现行个人所得税的税负承担者以工薪阶层为主，与其他很多国家以高收入者为主要纳税人的国际规律存在较大差距，调节收入分配的作用明显弱化。

（4）尚未开征独立的环境税。绿色税收是近年世界各国税制发展中的亮点，代表了世界税收更趋“绿化”的大势，因为可持续发展、绿色增长已成为全球共识。我国现行税制中虽有一些注重资源与环境保护的措施，却是零星地分散在各个税种中，如消费税、资源税、企业所得税等，缺乏统一设计，难以形成针对环境保护的税收合力，在应对碳关税等国际贸易风险问题上也较乏力。

3. 国际税制建设需不断加强

（1）现行税收法律制度尤其是国内法还存在国际税收方面的空白和漏洞，如个人反避税尚无法律依据；国内与国际、企业与个人两个层面的有关税制尚不完全协调；征管法对于支持国际税收管理的程序规定严重不足，使得我国参与国际税收交流与合作的广度和深度受到局限。

（2）在国际税收规则面临重塑的今天，面临全球性“税基侵蚀与利润转移”（BEPS）的新挑战，我国现行国际税制在维护国家税收权益和保护跨境纳税人合法权益方面还存在一些欠缺，亟待完善。

（3）支持企业“走出去”的税收措施尚不健全，抵御境外税收风险的能力较低，利用税收手段创造我国企业参与国际竞争的新优势有待进一步培育。

四、当今世界税制发展新特点及影响

税制国际化的一个重要内容或标志是一国税制符合WTO规则，与国际税收惯例、世界税制发展大潮相融。与20年前1994税制改革的国际背景相比，现今的世界经济与税收发展均已发生很多深刻变化，是直接影响我国税制国际化的重要动因。从国际金融危机五年多来的世界税制发展轨迹来看，税制改革在一定程度上担当了经济复苏与增长的支点，所得税、货物和劳务税、环境税等呈现出许多新动态与新特点，简要归纳如下：

（一）公司所得税减税为主　凸显税制竞争力

从世界范围看，五年多来多数国家的公司所得税仍延续了减税为主、兼有适当增税的发展态势，这与世界经济维持低迷增长、复苏脆弱的经济大背景紧密相关。有关统计数据显示[①]，削减公司所得税税率是多数国家增强本国竞争力的首选，但受欧洲债务危机影响的国家在减税上较慎重，税率下降趋势自2012年开始有所减缓，个别国家还适当提高了税率。总体上，各国政府在如何平衡吸引投资、刺激经济与获取税收上仍面临压力，纠结于增加税收和保持经济增长的“不可兼得”，努力在二者之间谋求某种平衡。

① 具体数据可参看：中国国际税收研究会．世界税收发展研究报告（2009，2010，2011，2012，2013，2014）［M］．北京：中国税务出版社．

（二）货物和劳务税提高税率　减缓财政赤字

金融危机爆发以来，特别是在欧洲债务危机向全球弥漫的持续性影响下，许多国家都面临前所未有的财政赤字重压，增收减赤成为艰巨任务。而世界性公司所得税税率基本呈下降趋势，因此，很多国家把增收希望寄托于货物劳务税（以增值税和消费税为主），增值税在更多国家开征或推广，税率自2009年开始呈现逐步提高趋势，一直延续到2013年。旨在“寓禁于征”的消费税税负也明显提高，主要通过扩大征收范围或提高税率来实现。①

（三）绿色税收受高度重视　促进经济绿色增长

金融危机后各国政府与国际组织都在认真反思如何获得经济的可持续增长，也愈加关注环境税。许多国家纷纷修改、开征或酝酿各种形式的环境税，发展绿色税收、促进经济绿色增长已逐渐成为世界税收发展潮流。环境税能为政府扩大税源，更重要的是以税收手段来实现环境保护目标，其“双重红利”被更多国家认同并付诸实践。当经济萧条时，许多国家曾暂停绿色税收计划。但随着世界经济的逐步复苏，不少国家继续开征环境税，但重在调控而非收入目标，特别强调环境税不能增加纳税人的整体税负，否则会增加失业、牺牲经济增长。即环境税应在环境保护与经济增长之间寻求合适的平衡点。②

---

① 具体数据可参看：中国国际税收研究会. 世界税收发展研究报告（2009，2010，2011，2012，2013，2014）[M]. 北京：中国税务出版社.

② 罗秦. 世界性环境税的最新发展与我国的应对[J]. 税务研究，2013（5）.

（四）反避税力度增强　推动税收全球治理

2008年，金融危机后在增收减赤压力的推动下，以美国为首的许多国家纷纷加强海外税源管理，严惩跨国公司及富豪个人的避税行为，国际税收领域出现许多新动向，对各国的税制设计与征管都产生新挑战。最典型的是针对“税基侵蚀与利润转移”（BEPS）的反避税行动正在全球范围内如火如荼地展开，国际税收规则面临近百年来的最大规模重塑。跨国公司是经济全球化的主要受益者，深知如何在各个领域最大限度地利用全球化，包括逃避全球社会责任的税收漏洞，造成了当今全球税收体系难以管理、不公平且扭曲的现实。这就要求有更加深远的改革，包括对避税天堂和洗钱行为的治理。① 故税收全球治理被提上了前所未有的高度，无疑对各国税制的国际化尤其是国际税收协调与合作提出了更高要求。

五、展望新一轮税制改革的几点思考

（一）改革目标

2014年，是全面深化改革的元年。与20年前的1994年税制改革不同，在这新的历史起点上，税制改革的逻辑主线已从经济市场化转向国家治理现代化，总目标是建立有利于科学发展、社会公平、市场统一的现代税收制度体系。而要实现这一总目标，进

① 约瑟夫·斯蒂格利茨，贺艳燕编译．全球化不只是利益，还有税收［N］．上海证券报，2013-06-03.

一步加快税制的国际化进程、不断提升税制的国际化程度是必然的选择。

WTO首位总干事Renato Ruggiero曾说过，以要素自由流动为基础的经济全球化趋势正在加速，关键是怎样才能使比较优势转化为持久的竞争力。税收制度对一国的国际竞争力有着重要影响。在已发生深刻变化的国内外经济背景下，站在国际化视角展望新一轮税制改革，特别是根据“全面提高开放型经济发展水平”“构建开放型经济新体制”的新形势与新要求，我国必须更主动适应经济全球化发展的新变局，通过深化税制改革，努力推动国家治理现代化，并积极参与税收全球治理，增创我国参与和引领国际经济合作竞争的新优势。本文认为，宜把提升税制的国际化程度、提高税制的国际竞争力作为我国新一轮税制改革的分目标之一。

（二）改革路径与方式

一国税制的国际竞争力主要体现在宏观、中观与微观三个层面：其一，税收制度及政策能否吸引国际资本流入，促进本国商品与劳务出口，即国家竞争力。全球化呼唤有竞争力的政府，而宏观税负是衡量国家竞争力的重要指标；其二，税收制度及政策能否促进本国产业发展，特别是高新技术产业、创新型产业，在全球产业链中增强竞争优势，即产业竞争力；其三，税收制度及政策能否促进本国企业在全球竞争中不断发展，尤其是“走出去”能力的提高，即企业竞争力。因此，提升税制的国际化程度，应注重通过优化税制来有效促进上述三方面竞争力的提高。具体地，可从税制结构优化、主要税种设计及国际税收升级等三方面加以推进：

1. 优化税制结构

在稳定税负的前提下，主要通过加大间接税改革力度，推动经济结构优化升级，逐步提高直接税比重，使现行明显失衡的税制结构有所改善，让间接税与直接税的比例更加均衡。间接税比重降低不仅有利于减轻税收对物价的直接推动作用，还能减缓由于出口退税过多造成的国际贸易领域的涉税摩擦。而直接税比重提高更有利于发挥税收调节收入分配的作用，更体现税收公平，更符合当今世界税制结构演变的通行规律。

2. 几个主要税种设计需进一步考虑国际化因素

（1）增值税：稳步推进“营改增”试点，以建立现代型增值税制度为最终目标。现代型增值税特点有三，即单一税种——征税范围覆盖商品、劳务全领域，不再实行营业税；单一纳税人——不再区分一般纳税人和小规模纳税人；单一税率——实行单一税率结构（不含零税率），把增值税变成不分消费何种货物和劳务的一般消费税行为，彻底消除重复征税，营造公平税收环境。[①] 近期需适当简化税率，力争尽快在全国范围内所有行业实现税负统一，促进我国现代服务业的发展，促进服务贸易出口。

需要注意的是，我国现行的“营改增”与前文所述世界性增值税税率提高的发展趋势不完全吻合。因为“营改增”是我国近年力推的结构性减税的延续，重在消除重复征税，也与流转税收入比重过高的特殊税制结构紧密相关，后者本身就与世界通行的税制结构存在较大差距，因此，这一改革过程也是一种国际化。

① 郝昭成. 促进高水平开放新局面的国际税收思考［OL］. 中国税务网，2014-05-12.

（2）企业所得税：在近年世界性公司所得税税率下降的大趋势下，税收竞争日益加剧。鉴于国际资本流动已出现新趋势，我国的企业所得税可以考虑适当降低税率至22%～23%，以增强税制竞争力。这与党的十八届三中全会提出的适当提高直接税比重的改革目标并不相悖，因为税率降低并不一定导致税收收入的减少，反而会增强企业的竞争力与可持续发展能力、扩大税基，这早已成为国际共识。在金融危机后的全球税收新变局下，优化我国企业所得税应更多考虑国际竞争力问题。

（3）个人所得税：十八届三中全会提出税制改革目标之一是要有利于社会公平，这也符合世界税制发展大势。而我国现行个人所得税在这方面远未发挥应有的缩小收入差距的调节功能，因此，应在充分借鉴他国先进经验的基础上，尽快地逐步建立适合我国国情的综合与分类相结合税制及相配套的征管机制，加大收入调节力度，更好地促进社会公平。当然，也要关注对高级优秀人才跨国引进的税收政策问题，通过适当的税收优惠促进人才流入。

（4）环境税：我国应顺应全球税制的绿化趋势，尽快开征单独的环境税，更好促进绿色增长。环境税制设计要注意两点：其一，开征环境税应在不牺牲经济增长的前提下；其二，环境税应与现有多个税种中的环境保护措施进行协调，避免重复调节。

3. 完善国际税制建设　打造国际税收升级版

在走向现代化的新一轮税制改革进程中，最具备国际性、最能体现一国税制国际化的国际税收无疑应该走在前列，而税制建设又是打造国际税收升级版的前提。

（1）加快税收法制化进程，健全国内相关税法中的国际税收规定。一是要尽快弥补个人所得税法中的反避税规定的空白；二是要继续完善企业所得税法中的国际税收相关规定，如补充有利于维护我国税收权益的转让定价调整方法。

（2）积极应对BEPS的新挑战。在当今国际税收领域，BEPS引发的各类税收新问题无疑是重中之重，对尚不健全的我国国际税制建设而言更是巨大挑战。我国必然应当积极参与这一税收全球治理，对2013年9月G20峰会上应对BEPS的未来24个月的15项行动计划，税收理论与实务界都应深入研究，针对我国实际提出有效的应对举措。

（3）借鉴国际经验，完善支持企业“走出去”的税收措施。“走出去”企业的国际竞争力是一国竞争力的重要体现，我国应进一步加强相关税收制度及政策的激励作用，如在税收协定中积极争取税收饶让抵免，扩大综合抵免制度的实施范围，允许企业提取境外生产经营减值准备金，降低投资风险等。

（4）更积极参与全球税收治理和多边税收事务，增加话语权，加强与其他各国的税收协调与合作，更好应对新全球化下跨国公司避税导致的税收不公平与税收扭曲。

参考文献

[1] 邓力平，罗秦．税收发展与税制改革：加入WTO十年的思考[J]．税务研究，2011（5）．

[2] 高培勇．由适应市场经济体制到匹配国家治理体系：关于新一轮财税体制改革基本取向的讨论[J]．财贸经济，2014（3）．

[3] 郝昭成．经济社会发展与税收制度的科学化、现代化、国际化[J]．涉外税务，2009（4）．

[4] 郝昭成. 促进高水平开放新局面的国际税收思考[OL]. 中国税务网，2014-05-12.
[5] 罗秦. 世界性环境税的最新发展与我国的应对[J]. 税务研究，2013（5）.
[6] 王军. 深化税制改革，服务发展大局[OL]. 人民网，2013-12-16.
[7] 中国国际税收研究会. 世界税收发展研究报告（2009，2010，2011，2012，2013，2014）[M]. 北京：中国税务出版社.